FAZER AMOR

GARY CHAPMAN

FAZER AMOR

COMO FAZER DO SEXO UM ATO DE AMOR

Traduzido por OMAR DE SOUZA

Copyright © 2008 por Gary Chapman
Publicado originalmente por Tyndale House Publishers, Illinois, EUA

Os textos das referências bíblicas foram extraídos da *Nova Versão Internacional* (NVI), da Sociedade Bíblica Internacional, salvo indicação específica.
Todos os direitos reservados e protegidos pela Lei 9.610, de 19/02/1998.
É expressamente proibida a reprodução total ou parcial deste livro, por quaisquer meios (eletrônicos, mecânicos, fotográficos, gravação e outros), sem prévia autorização, por escrito, da editora.

Dados Internacionais de Catalogação na Publicação (CIP)
(Câmara Brasileira do Livro, SP, Brasil)

Chapman, Gary

Fazer amor: Como fazer do sexo um ato de amor / Gary Chapman; traduzido por Omar de Souza — São Paulo: Mundo Cristão, 2010.

Título original: Making Love
ISBN 978-85-7325-614-7

1. Amor 2. Casamento - Aspectos morais e éticos 3. Cônjuges 4. Família - Aspectos religiosos 5. Sexo no casamento I. Título.

10-01619   CDD 261.8358

Índices para catálogo sistemático:
1. Amor e sexo : Casamento e família : Teologia social : Cristianismo
261.8358
2. Casamento e família : Amor e sexo : Teologia social : Cristianismo
261.8358
3. Sexo e amor : Casamento e família : Teologia social : Cristianismo
261.8358
Categoria: Casamento

Publicado no Brasil com todos os direitos reservados por:
Editora Mundo Cristão
Rua Antônio Carlos Tacconi, 69, São Paulo, SP, Brasil, CEP 04810-020
Telefone: (11) 2127-4147
Home page: www.mundocristao.com.br

1ª edição: maio de 2010
8ª reimpressão (sistema digital): 2020

Sumário

Introdução — 7

1. Amor e sexo: uma combinação perfeita — 11
2. Fazer amor requer paciência — 17
3. O amor oferece, mas nunca exige — 25
4. O amor é mais que um sentimento — 31
5. A linguagem do amor mais eficiente — 39
6. O amor não faz sofrer — 55
7. O amor perdoa os erros do passado — 63
8. Fazer amor é uma jornada para a vida inteira — 69

Epílogo — 75
Algumas reflexões que valem a pena relembrar — 77
O que os maridos desejam — 81
O que as esposas desejam — 87
Leituras recomendadas — 93
Notas — 95

Introdução

"Vamos fazer amor."

"Vamos fazer sexo."

Existe diferença entre as duas coisas? Sim, com toda certeza. Na verdade, há um mundo de diferença entre os dois conceitos.

O sexo é o encontro de dois corpos; o amor é o encontro de duas almas. Quando o sexo surge como resultado do amor, ele se torna uma experiência profundamente emocional e fator de união entre duas pessoas. Quando o ato sexual é encarado como nada além da satisfação das necessidades biológicas, ele não passa mesmo disso; nunca se torna uma experiência definitiva em termos de realização pessoal. Trata-se mais de uma atividade animal do que humana.

Ao longo da história da humanidade, o amor e o sexo sempre estiveram relacionados. No entanto, na cultura contemporânea, amor e sexo se transformaram em sinônimos. O senso comum hoje em dia indica que *fazer amor* significa "fazer sexo". O amor é definido como um sentimento romântico, e o ato sexual é sua expressão lógica. O sexo fora do casamento se tornou tão comum quanto o sexo dentro da união conjugal. O sexo foi separado do compromisso, e agora é visto como uma forma de diversão ou entretenimento casual — algo muito parecido com um passeio na montanha-russa ou qualquer outra atração de um parque de diversões. Quando a brincadeira acaba, a pessoa já está em busca do próximo brinquedo. Por causa dessa visão do sexo, milhares de pessoas se sentem emocionalmente vazias, ansiando por alguma coisa capaz de lhes preencher a lacuna da alma.

Acredito que a fé cristã, construída sobre a base da fé judaica, oferece uma percepção muito rica no que diz respeito ao ato de fazer amor, e não apenas sexo. Por exemplo, tanto a fé judaica quanto a cristã veem o sexo como dádiva divina. Ambas ensinam que Deus nos forneceu orientações sobre como o homem e a mulher devem relacionar-se em termos de sexualidade.

É interessante constatar como as pesquisas sociológicas mais recentes chegaram às mesmas conclusões encontradas nas antigas Escrituras judaicas e cristãs. Uma dessas conclusões é a de que o sexo dentro do casamento é muito mais significativo e gratificante do que fora dele.[1] Ainda que essa verdade não seja das mais populares na sociedade secular, ela endossa tanto as pesquisas quanto as Escrituras.

O propósito deste livro é analisar os ensinamentos judaico-cristãos a respeito do amor e do sexo, e como ambos estão relacionados. Acredito que o sexo sem amor nunca será totalmente satisfatório, mas o sexo como resultado do amor é capaz de conduzir o casamento a níveis mais elevados de satisfação. Tenho convicção de que milhares de casamentos podem ser potencializados em grande medida conforme os cônjuges aprendem a fazer amor, e não apenas sexo.

Este livro não foi elaborado com a intenção de se tornar um manual abrangente sobre sexo. Meu objetivo é mostrar aos leitores a diferença entre fazer amor e simplesmente fazer sexo. O ideal é que você e seu cônjuge leiam esta obra juntos, respondam às perguntas ao fim de cada capítulo e, em seguida, conversem a respeito de suas respostas. Se optarem por fazer a leitura dessa maneira, acredito que descobrirão estar no caminho certo para se tornarem amantes no sentido mais amplo do termo.

Se o seu cônjuge, porém, não demonstrar disposição de ler e discutir o conteúdo deste livro ao seu lado, ainda assim valerá a pena você dedicar tempo à leitura. Insisto na importância de seguir as sugestões que proponho nestas páginas. Envolva seu cônjuge nessa jornada. Ofereça a ele a oportunidade de responder de maneira adequada ao esforço que você está fazendo, estimulando, assim, o desenvolvimento da relação conjugal. Tenho plena consciência de que você não pode forçar seu cônjuge a fazer coisa alguma, mas pode exercer forte influência sobre ele ao assumir uma atitude de amor, manifestada por meio de palavras e atos.

Ao escrever este livro, fiz questão de não produzir um texto muito longo porque sei que me dirijo a pessoas bastante ocupadas. É provável que você consiga lê-lo em menos de duas horas. Você descobrirá que a leitura desta obra será um bom investimento de tempo. Ao fim de cada capítulo (e todos são muito breves), você encontrará sugestões práticas sobre como aplicar na estrutura de seu casamento as ideias que ele contém.

Se você deseja satisfação sexual cada vez maior, deve primeiro aprender a amar.

1

Amor e sexo: uma combinação perfeita

AO CONTRÁRIO DO QUE AFIRMA A CRENÇA POPULAR, o sexo não foi inventado em Hollywood. De acordo com os mais antigos escritos judaicos que compõem o Livro dos Começos (Gênesis), Deus olhou para o homem que havia criado e disse: "Não é bom que o homem esteja só; farei para ele alguém que o auxilie e lhe corresponda". A narrativa da Criação prossegue:

> Então o SENHOR Deus fez o homem cair em profundo sono e, enquanto este dormia, tirou-lhe uma das costelas, fechando o lugar com carne. Com a costela que havia tirado do homem, o SENHOR Deus fez uma mulher e a levou até ele. Disse então o homem: "Esta, sim, é osso dos meus ossos e carne da minha carne! Ela será chamada mulher, porque do homem foi tirada".

Em seguida, o Criador declarou que os dois se tornariam "uma só carne". O relato conclui com estas palavras: "O homem e sua mulher viviam nus, e não sentiam vergonha".[1]

O SEXO É UMA COISA LINDA
Com base nesse antigo relato sobre a Criação, os judeus e os cristãos sempre viram o casamento como um relacionamento sagrado,

instituído por Deus, entre o marido e a esposa. A união sexual entre os cônjuges é considerada símbolo vivo do profundo companheirismo que os une. O fato de Adão e Eva estarem nus indica que, a partir da perspectiva divina, o sexo é uma coisa linda.

Ao longo dos textos do Antigo e do Novo Testamento, Deus reafirma repetidas vezes a beleza da relação sexual no contexto do relacionamento conjugal. Apesar de a Bíblia registrar vários casos de poligamia, fornicação (sexo fora do casamento), adultério, homossexualismo, incesto e estupro, tais distorções da sexualidade nunca são aprovadas por Deus. A relação sexual, segundo o ponto de vista de Deus, é um ato de amor que une a alma do marido à da esposa dentro de um relacionamento íntimo e duradouro.

O propósito do sexo

É óbvio que um dos propósitos de uma pessoa se relacionar sexualmente com a outra, no contexto do casamento, é a reprodução. O próprio Deus disse a Adão e Eva: "Sejam férteis e multipliquem-se! Encham e subjuguem a terra!".[2] Maridos e esposas que se amam e expressam esse amor em termos da sexualidade oferecem o contexto mais saudável para educar os filhos. É interessante observar como as pesquisas contemporâneas apoiam esse antigo padrão bíblico.[3]

A procriação, porém, não é o único propósito (nem mesmo o propósito principal) da relação sexual no contexto do casamento. As dimensões psicológica e espiritual do ato de fazer amor são bem mais fundamentais. À medida que o marido e a esposa se entregam um ao outro sexualmente, estão construindo um vínculo psicológico e espiritual que une suas almas da maneira mais profunda possível. Juntos, eles são capazes de enfrentar os desafios da vida porque são parceiros na dimensão da alma. Nada une um marido e uma mulher de modo tão intenso quanto o ato de fazer amor.

Em contrapartida, se o casal faz sexo sem amor, esse vínculo não tem lugar. Por essa razão, o casal se torna apenas um par de estranhos; com o tempo, a união se dissipará. Para alguns, o divórcio é o ponto culminante desse estranhamento mútuo. Fazer sexo sem amor gera ressentimento e, mais tarde, hostilidade.

Deus deseja que o sexo conjugal seja uma experiência que proporcione grande prazer. Esse prazer não se limita à sensação física do orgasmo. Ele também envolve as emoções, o intelecto e o espírito. A relação sexual dentro do casamento existe para nos proporcionar uma amostra da dimensão divina. Ela envolve a pessoa como um todo, gerando ondas de prazer quando fazemos amor.

Um exemplo antigo

Os livros de poesia hebraica encontrados no Antigo Testamento tentam capturar a essência desse prazer. Aqui estão as palavras que certo homem dirige à noiva:

> Você fez disparar o meu coração, minha irmã, minha noiva; fez disparar o meu coração com um simples olhar, com uma simples joia dos seus colares. Quão deliciosas são as suas carícias, minha irmã, minha noiva! Suas carícias são mais agradáveis que o vinho, e a fragrância do seu perfume supera o de qualquer especiaria! Os seus lábios gotejam a doçura dos favos de mel, minha noiva; leite e mel estão debaixo da sua língua. A fragrância das suas vestes é como a fragrância do Líbano [...] Você é uma fonte de jardim, um poço de águas vivas, que descem do Líbano.

A noiva responde dizendo: "Que o meu amado entre em seu jardim e saboreie os seus deliciosos frutos".[4] Pouco depois, a esposa diz o seguinte a respeito do marido:[5]

> O meu amado tem a pele bronzeada; ele se destaca entre dez mil. Sua cabeça é como ouro, o ouro mais puro; seus cabelos ondulam ao vento como ramos de palmeira; são negros como o corvo [...] Suas faces são como um jardim de especiarias que exalam perfume [...] Seus braços são cilindros de ouro [...] Suas pernas são colunas de mármore [...] Sua boca é a própria doçura; ele é mui desejável. Esse é o meu amado, esse é o meu querido...

Obviamente, esses amantes da antiguidade encontravam grande prazer em se relacionar sexualmente. Eles estavam descobrindo o significado da expressão "fazer amor", e não apenas "fazer sexo".

Enfatize o que é positivo

Nas passagens que acabamos de ver, observe particularmente como o marido e a esposa enfatizavam as características positivas um do outro.

Contrastando com esse comportamento, os casais de hoje tendem a se concentrar nos aspectos negativos do cônjuge. Embora muitas das características positivas os tenham atraído um ao outro na época em que se conheceram, quando os conflitos começam a surgir, eles se concentram no que é negativo. Essa atitude é verbalizada em frases como: "Não consigo acreditar em como você é preguiçoso!"; "Nunca conheci uma pessoa tão egoísta quanto você!"; "Você é igualzinho ao seu pai. Não foi à toa que sua mãe o deixou!". Tais afirmações provocam mágoa, raiva e ressentimento. E, em geral, o cônjuge ofendido reage na mesma medida, falando coisas igualmente ofensivas. Quando nos concentramos nos aspectos negativos, fazemos brotar o que há de pior no cônjuge.

Em contrapartida, quando optamos por nos concentrar nas características positivas, estimulamos uma reação positiva. A esposa que diz: "Puxa, você está tão bonito!" provavelmente receberá de volta não apenas um sorriso, mas também comentários positivos sobre sua beleza. O marido que fala: "Obrigado pelo jantar. Estava uma delícia!" estimula sentimentos positivos e de afeto no coração da esposa, que preparou a refeição. Quando nos concentramos nas características positivas e verbalizamos nosso apreço e nossa admiração um pelo outro, criamos um clima favorável para que o sexo se torne uma expressão genuína de amor.

O sexo foi criado por Deus para ser uma experiência de satisfação mútua, por meio da qual o marido e a esposa expressam amor, compromisso e intimidade um pelo outro. É possível que um casal pratique o sexo sem nenhum sentimento de amor, intimidade ou compromisso, mas eles estarão longe do ideal divino. Deus deseja que marido e mulher façam amor, e não apenas sexo.

■ Colocando os princípios em prática

1. Como você poderia explicar a diferença entre fazer amor e simplesmente fazer sexo?
2. Em uma escala de 1 a 10, sendo 10 a nota máxima, como você classificaria seu sucesso no que diz respeito a "fazer amor"? Em sua opinião, como seu cônjuge classificaria você?
3. O que você gostaria que seu cônjuge fizesse (ou deixasse de fazer) para tornar o relacionamento sexual ainda mais gratificante?

4. O que você poderia fazer (ou deixar de fazer) para tornar o relacionamento sexual mais gratificante para seu cônjuge?
5. Você estaria disposto a compartilhar com seu cônjuge as respostas que deu às perguntas anteriores?

2

Fazer amor requer paciência

O SEXO PODE SER UMA ATIVIDADE RÁPIDA, mas o amor requer tempo. Com isso, não quero dizer que uma relação sexual rapidinha de vez em quando não possa ser considerada uma expressão de amor. O que estou dizendo é que a busca pela satisfação sexual mútua no casamento leva algum tempo. Sempre achei interessante o fato de Deus ter instruído os rapazes e as moças de Israel a aproveitarem sua lua-de-mel durante um ano: "Se um homem tiver se casado recentemente, não será enviado à guerra, nem assumirá nenhum compromisso público. Durante um ano estará livre para ficar em casa e fazer feliz a mulher com quem se casou".[1]

A verdade é que não são muitos os casais que encontram realização sexual mútua em um período inferior a um ano. Assim como eles precisam desenvolver-se juntos em termos intelectuais, emocionais e espirituais, também devem crescer juntos no que diz respeito à sexualidade. Trata-se de um processo que leva tempo. Fazer amor é mais do que introduzir o pênis na vagina e ter um orgasmo. O objetivo do processo de fazer amor é atingir o prazer mútuo.

Por que o desenvolvimento do casal, no que diz respeito ao sexo, leva tanto tempo? Porque homens e mulheres são diferentes em quase tudo o que você possa imaginar — física, emocional e psicologicamente. Quando se trata da natureza do impulso sexual, dos pontos de excitação que determinam quando uma pessoa está preparada para a relação e até das reações durante o ato, há diferenças fundamentais entre os homens e as mulheres. O marido e a esposa precisam descobrir e aceitar essas diferenças para, então, encontrar a satisfação mútua.

A natureza do impulso sexual

Ainda que tanto o homem quanto a mulher sintam o impulso biológico para o ato sexual, o desejo (ou impulso) feminino está muito mais atrelado às emoções. Se uma mulher se sente amada pelo marido, ela deseja intimidade sexual com ele. No entanto, se ela não se sente amada, é possível que o desejo de se relacionar sexualmente com ele seja menor. (Podemos pensar em uma exceção, no caso em que o sexo é a única maneira de ela receber carinho e ouvir palavras agradáveis do marido, o que pode mexer com a emotividade da esposa.) Essa diferença nos explica muitas coisas. Por exemplo, ela explica como um casal consegue relacionar-se sexualmente meia hora depois de discutir asperamente, dirigindo várias ofensas um ao outro. A esposa considerará praticamente impossível o ato sexual com o marido, a não ser que ele se desculpe de um modo que ela considere sincero. Talvez nesse momento o desejo sexual dessa esposa possa ser aguçado.

O marido pode manter o desejo sexual mesmo quando as coisas não estão muito boas no relacionamento. Na verdade, muitos homens pensam que o ato sexual serve para resolver esses problemas. O homem sente o desejo de buscar *alívio* sexual toda vez que as vesículas seminais estão carregadas e a testosterona chega a determinado nível considerado normal. As raízes desse desejo não estão em suas emoções, mas em suas necessidades biológicas. Em contrapartida, a mulher deseja que algumas coisas estejam bem antes de se entregar ao ato sexual. O sexo, por si, não resolve os problemas dela.

Entender essa diferença entre a natureza do desejo sexual do homem e da mulher ajuda o marido a dar muito mais atenção às necessidades emocionais da esposa, o que discutiremos com mais profundidade nos capítulos 4 e 5. Também ajuda a esposa a entender por que o desejo de seu marido pela intimidade sexual pode continuar tão intenso mesmo depois de os dois se envolverem em uma forte discussão.

Essa diferença também explica por que vários casais costumam desentender-se durante o próprio ato sexual. O desejo do homem é orientado, em grande medida, pelo acúmulo de fluido seminal, o que gera uma necessidade fisiológica de alívio. Trata-se de um processo metódico e regular, e tem pouco a ver com a maneira como andam as coisas dentro do relacionamento conjugal. Enquanto o *relógio biológico* da esposa é influenciado, até certo ponto, pelo ciclo menstrual mensal, as necessidades fisiológicas femininas costumam ser orientadas por suas emoções e pela qualidade do relacionamento. Todo casal que busca a realização mútua deve aprender a trabalhar essa diferença que existe na natureza do desejo sexual de cada cônjuge.

Os pontos de ignição

Outra diferença diz respeito ao ponto de ignição do marido e da esposa, ou seja, aquilo que cada um considera sexualmente estimulante. Os homens são muito estimulados pelas coisas que veem; as mulheres, por sua vez, encontram estímulo na maneira como são tocadas e em palavras agradáveis que ouvem. Isso explica por que o marido consegue excitar-se só de ver a esposa se preparando para deitar; quando ela tira a roupa, ele já está pronto para a relação sexual. Já a esposa é capaz de assistir ao marido se despindo sem que o ato sexual nem sequer passe por sua mente. No entanto, se o marido fala coisas agradáveis e toca a mulher da maneira certa (caso o relacionamento conjugal seja uma experiência positiva para ambos), o desejo e as necessidades sexuais da esposa serão estimulados. Entender essa diferença e agir de acordo com ela ajudarão o casal a encontrar a harmonia. Se ignorarem essa diferença, o marido e a esposa podem nunca descobrir a realização mútua no sexo.

Por acaso, essa diferença também explica por que os homens são muito mais tentados pela pornografia do que as mulheres, e por que as mulheres têm uma probabilidade maior de se sentir emocionalmente envolvidas com um colega de trabalho que sabe dizer coisas gentis e tocá-las de um jeito agradável. Ao mesmo tempo em que é útil saber reconhecer essas áreas de tentação específicas de cada gênero, por favor, peço que você entenda que não estou, com isso, justificando a rendição a essas tentações. Permita-me ser ainda mais claro: fazer concessões a qualquer uma dessas tentações pode ser extremamente prejudicial ao casamento, assim como à saúde espiritual. Não existe espaço para a pornografia na vida de um marido cristão, assim como é inaceitável que uma esposa cristã se permita o envolvimento emocional com outro homem. À medida que trabalhamos para encontrar a realização sexual mútua, devemos guardar nosso coração, evitando assumir esses padrões de comportamento destrutivos.

REAÇÕES

Outra diferença entre homens e mulheres está no contexto do próprio ato sexual. A reação masculina tende a ser mais rápida e explosiva, enquanto a feminina costuma ser mais lenta e prolongada. O homem tende a chegar ao clímax do ato sexual mais rapidamente e, depois disso, sentir-se satisfeito; para ele, acabou tudo ali. No entanto, é possível que a mulher continue deitada, pensando: "O que há de tão especial nisso?". Ela mal havia começado a se excitar. Para encontrar o prazer sexual mútuo, ambos os cônjuges devem entender essa diferença e aprender a cooperar um com o outro. Pesquisas indicam que os homens levam, em média, dois minutos de coito vigoroso para ejacular. O problema é que poucas mulheres conseguem atingir o orgasmo em tão pouco tempo.[2]

Além disso, a maioria das mulheres não chega ao orgasmo por causa da penetração, e sim por causa da estimulação do clitóris. Isso já levou muitos casais a concluir que o melhor para a esposa é chegar a um orgasmo durante as carícias preliminares. Tendo a mulher chegado ao orgasmo, o marido fica à vontade para atingir o clímax.

Nem sempre uma esposa deseja chegar ao orgasmo quando se relaciona sexualmente. Às vezes, ela se satisfaz simplesmente pelo fato de receber um toque gentil, ouvir palavras agradáveis, sentir o amor e a intimidade do marido. Ele, por sua vez, chega ao clímax e se sente amado por ela. Apesar de ela não ter alcançado o orgasmo, a experiência revela-se satisfatória para ambos. É possível que algum homem discorde, dizendo: "Não quero ter satisfação sexual se ela não puder aproveitar também". Nesse caso, ele precisa conscientizar-se de que ela também estará aproveitando, mesmo que o ato sexual não precise terminar sempre em orgasmo para os dois.

Geralmente, é preciso bem mais energia, esforço e tempo para uma mulher atingir o orgasmo, em comparação com o homem. Às vezes, por causa do cansaço ou de outros fatores, a esposa simplesmente não quer chegar até o fim do processo. O marido não deve forçá-la a isso. O objetivo é o de que ambos passem por uma experiência prazerosa. A esposa deve ter a liberdade de decidir se deseja ou não alcançar o orgasmo como parte da experiência sexual como um todo.

Muita gente me pergunta por que Deus criou os homens e as mulheres com todas essas diferenças, no que diz respeito à sexualidade. Costumo brincar dizendo que, se Deus me perguntasse, eu daria a seguinte sugestão:

> Não permita que tenhamos desejo sexual algum antes de completarmos nossos estudos. Depois disso, quando o Senhor despertar em nós o desejo sexual, permita que todos nos casemos três meses depois. E, quando nos casarmos, faça que esse desejo se manifeste a cada três dias, tanto para o homem quanto para a mulher.

Não seria muito mais fácil se a coisa funcionasse desse jeito? Cheguei à conclusão de que, ao fazer o homem e a mulher tão diferentes, a intenção de Deus era a de que o sexo fosse mais do que um ato de reprodução; fosse, na verdade, uma oportunidade de demonstrar o amor de maneira tangível. Quando o sexo constitui um ato de amor, o marido e a esposa se aproximam e perguntam um ao outro: "De que maneira posso proporcionar prazer a você?". Se não fizermos da relação sexual um ato de amor, nunca encontraremos a satisfação mútua.

Se o marido e a mulher se limitarem a apenas "atender ao chamado da natureza", nunca aprenderão a fazer amor de fato. O máximo que conseguirão, nesse caso, é que um deles encontre satisfação parcial e o outro se sinta usado. É essa a situação na qual se encontram milhares de casais, no que concerne ao relacionamento sexual. De vez em quando, eles fazem sexo, mas nunca aprenderam a fazer amor. Quando compreendemos e aceitamos nossas diferenças e aprendemos a trabalhar juntos, o sexo pode transformar-se em uma bela sinfonia a dois.

Tudo isso requer tempo, paciência e compreensão. Para os casais que nunca tiveram a oportunidade de ler um bom livro a respeito de técnicas sexuais nem discutiram o tema, eu recomendaria *Sheet Music: Uncovering the Secrets of Sexual Intimacy in Marriage* [Entre os lençóis: descobrindo os segredos da intimidade sexual no casamento], de Kevin Leman. Com alguma informação e um bocado de paciência, marido e mulher podem aprender a fazer amor de verdade.

■ Colocando os princípios em prática

1. Ao mesmo tempo em que homens e mulheres estão sujeitos a impulsos sexuais biológicos, o desejo sexual feminino é, em grande medida, influenciado pelas emoções. Por essa razão, se a esposa não se sente amada, talvez resista à ideia de se envolver sexualmente com o marido. Como essa realidade se manifesta em seu casamento?

   Para o marido: Você estaria disposto a perguntar a sua esposa que tipo de coisas você poderia fazer ou dizer para comunicar seu amor por ela de maneira mais eficiente?

   Para a esposa: Você estaria disposta a dizer a seu marido que tipo de coisas ele poderia fazer para que você se sentisse mais amada?

2. O homem é muito estimulado pelas coisas que vê; a mulher, por sua vez, sente estímulo a partir de palavras gentis e toques agradáveis. Até que ponto essa diferença influenciou seu casamento?

Para o marido: Você estaria disposto a perguntar a sua esposa que tipo de toques carinhosos ou palavras gentis ajudariam a estimular o desejo sexual dela?

Para a esposa: Você estaria disposta a perguntar a seu marido que tipo de atitude você poderia ter para que ele se sentisse mais estimulado sexualmente?

3. A diferença de tempo para que o homem e a mulher cheguem ao orgasmo leva muitos casais à frustração. O problema mais comum é quando o marido ejacula enquanto a mulher ainda está no estágio do estímulo, distante do clímax. Quando ele se satisfaz, ela se sente frustrada.

Para o marido: Você estaria disposto a conversar com sua esposa a fim de colocar em prática uma solução que tem funcionado para muitos casais — o marido leva a mulher a atingir o orgasmo, estimulando o clitóris durante as carícias preliminares? Então, depois de ela chegar ao clímax, ele fica à vontade para também atingir o orgasmo.

Para a esposa: Você estaria disposta a conversar com seu marido a respeito de suas preferências no que diz respeito ao orgasmo?

3

O amor oferece, mas nunca exige

Alguns cristãos gostam de usar as Escrituras como argumento para exigir seus direitos sexuais no casamento. Uma das passagens bíblicas usadas com maior frequência é 1Coríntios 7:3-5:

> O marido deve cumprir os seus deveres conjugais para com a sua mulher, e da mesma forma a mulher para com o seu marido. A mulher não tem autoridade sobre o seu próprio corpo, mas sim o marido. Da mesma forma, o marido não tem autoridade sobre o seu próprio corpo, mas sim a mulher. Não se recusem um ao outro...

O marido lê essa passagem para a esposa e exige que ela cumpra seus "deveres domésticos". Ou então, uma esposa frustrada diz: "Tudo o que quero é que ele seja um marido de verdade. Será que isso é pedir demais?".

O apóstolo Paulo determina o ideal conjugal: o marido fará o possível para satisfazer as necessidades sexuais da esposa, e ela fará o mesmo em relação a ele. Trata-se de um quadro que retrata fielmente o verdadeiro significado de "fazer amor". No entanto, não podemos *exigir* o ideal; em vez disso, devemos *construir juntos* o ideal. A maioria de nós considera mais fácil falar a respeito do ideal do que colocá-lo em prática.

Sendo assim, qual é o processo que nos pode conduzir à realização sexual mútua? Acredito que começa com oração. Cada cônjuge deve pedir a Deus que lhe conceda a atitude de Cristo em relação ao outro. O marido é especialmente desafiado a amar sua esposa da mesma maneira que Cristo amou a igreja e se entregou por ela.[1] Cristo amou a igreja antes que ela o amasse; ou seja, ele tomou a iniciativa. Cristo amou a igreja mesmo diante da rejeição, e a amou sem hesitar em momento algum até a morte na cruz. Não há limite para o amor que ele tem pela igreja. Como você reage diante de tal demonstração de amor? As Escrituras dizem: "Nós amamos [a Deus] porque ele nos amou primeiro".[2] O amor de Cristo nos incentiva a amar. Deus não nos obrigou a fazer nada, mas seu amor conquistou nosso coração.

Esse deve ser o padrão para o casamento. O marido toma a iniciativa de amar a esposa e de persistir nesse amor mesmo que tenha de passar por períodos de rejeição. Quando a esposa percebe que o compromisso do marido com o bem-estar dela é incondicional, ela o respeita e (usando a linguagem da poesia judaica) o convida a entrar em seu jardim para se deleitar nos prazeres que está pronta para proporcionar.

Ouça as palavras de amor que fluem do coração de um marido hebreu da antiguidade:[3]

> Como você é linda, minha querida! Ah, como é linda! Seus olhos [...] são pombas. Seu cabelo é como um rebanho de cabras [...] Seus dentes são como um rebanho de ovelhas recém-tosquiadas que vão subindo do lavadouro. Cada uma tem o seu par; não há nenhuma sem crias. Seus lábios são como um fio vermelho; sua boca é belíssima. Suas faces, por trás do véu, são como as metades

de uma romã. Seu pescoço é como a torre de Davi, construída como arsenal [...] Seus dois seios são como filhotes de cervo, como filhotes gêmeos de uma gazela que repousam entre os lírios. Enquanto não raia o dia e as sombras não fogem, irei à montanha da mirra e à colina do incenso. Você é toda linda, minha querida; em você não há defeito algum.

Marido, se você quer dirigir palavras de amor a sua esposa, deve usar essa passagem bíblica como modelo. É claro que terá de atualizar as metáforas usadas pelo autor do texto, mas tenho certeza de que você é suficientemente criativo para fazê-lo.

O que essas palavras tão carinhosas e positivas fazem pela esposa? Elas acionam a paixão. A esposa convida o marido a saborear os frutos sexuais de seu corpo ao responder: "Acorde, vento norte! Venha, vento sul! Soprem em meu jardim, para que a sua fragrância se espalhe ao seu redor. Que o meu amado entre em seu jardim e saboreie os seus deliciosos frutos".[4]

O marido responde ao convite desta maneira: "Entrei em meu jardim, minha irmã, minha noiva; ajuntei a minha mirra com as minhas especiarias. Comi o meu favo e o meu mel; bebi o meu vinho e o meu leite".[5]

O padrão se apresenta de modo bem claro. O marido toma a iniciativa — não exigindo o sexo, mas oferecendo amor à esposa. As palavras elogiosas que ele usa para descrever a beleza da mulher tocam o coração da esposa e despertam nela o desejo de estabelecer intimidade sexual com o marido. Observe com muito cuidado que ele não entra no jardim antes de ser convidado. Trata-se de uma parte do conceito de "fazer amor" que muitos maridos não conseguem entender. Eles não se importam nem um pouco em tomar a iniciativa; no entanto, na mente da maioria dos homens, isso significa o início de uma relação sexual. O marido está estimulado sexualmente, e presume que a esposa sinta o mesmo desejo. Por isso, ele se aventura e adentra o jardim bem antes que ela esteja pronta para convidá-lo. Quer saber quais são os resultados dessa atitude? Eles acabam fazendo sexo, mas não fazendo amor.

A espera pelo convite da esposa pode ser frustrante para o marido. Certa vez, um homem disse: "Estou esperando há seis meses. Por quanto tempo mais devo aguardar?". A resposta não é continuar esperando, e sim oferecer amor. A passagem do tempo não provocará nenhum tipo de estímulo sexual na esposa, mas um amor consistente é capaz de produzir esse efeito.

Tenho plena consciência de que o padrão que acabo de apresentar é contrário à filosofia de "seguir os instintos naturais". Por natureza, preferimos alimentar a expectativa de que o cônjuge satisfará nossas necessidades sexuais. Quando isso não acontece, começamos a exigir essa satisfação. Tais exigências geram ressentimento e criam afastamento entre os cônjuges. Fazer amor tem tudo a ver com o que se oferece, e não com o que se exige. Quando nos concentramos no esforço de criar uma atmosfera de amor na qual buscamos realmente o bem-estar do cônjuge, com o tempo acabamos recebendo o convite pelo qual tanto esperamos.

Tudo isso requer uma mudança na disposição do coração. Cada um de nós é, por natureza, uma pessoa egocêntrica; acreditamos que o mundo gira em torno do "eu". Cristo, contudo, não era egocêntrico. Ele se concentrava em sua missão: a de amar a igreja e se entregar por ela. Quando pedimos a Deus que mude nossa perspectiva e, em seguida, permitimos que ele o faça, estamos no caminho certo para fazer amor, e não apenas sexo.

■ Colocando os princípios em prática

1. Você diria que sua atitude em relação ao sexo tende mais a oferecer ou a exigir?
2. Você estaria disposto a pedir que Deus lhe concedesse a mesma atitude de Cristo em relação a seu cônjuge: a de tomar a iniciativa de oferecer, em vez de apenas esperar receber?
3. Pense em como suas palavras ou ações podem estar gerando frustração ou ressentimento em seu cônjuge. O que você pode dizer ou fazer de modo diferente, no futuro?
4. Peça a Deus que mude a sua perspectiva; e permita que ele o faça.

4

O amor é mais que um sentimento

UMA MULHER EM MEU ESCRITÓRIO DISSE: "Eu sinto como se meu marido não me amasse. Ele me trata como lixo, mas depois quer que eu faça sexo com ele. Não consigo entender isso. Não posso fazer sexo com um homem que não me ama". Aquela esposa sabia, do fundo de seu coração, que o sexo e o amor devem caminhar sempre juntos. O sexo sem amor se parece muito com um estupro, e ela não conseguia suportar essa ideia. Muitas esposas se identificam com o sofrimento dessa mulher.

Em contrapartida, muitos homens passam pelo mesmo tipo de frustração. Jamais me esquecerei daquele marido que disse: "Nós fizemos sexo, mas eu me senti como se estivesse deitado com um cadáver". O sexo sem amor é, de fato, algo sem vida.

O desejo de ser amado é universal. Quando uma pessoa é casada, o amor pelo qual ela anseia tanto é o que o cônjuge pode proporcionar. Quando nos sentimos amados, o mundo parece mais brilhante. O sexo é como a cereja no alto do sorvete. Tudo o que tem a ver com a vida é doce. Sem amor, o mundo fica mais sombrio e o sexo se torna, na melhor das hipóteses, nada mais que um oásis temporário no meio de um deserto árido e seco.

A maioria dos casais não sabe como promover o amor onde ele não existe. Muitos perdem a esperança. "Perdeu-se todo o sentimento que havia entre nós. Talvez não devêssemos ter-nos casado" — aí está um sentimento comum. A tendência dos casais é a de culpar o casamento pela perda daquele sentimento de euforia do início. Na verdade, o sentimento se perderia mesmo que eles não tivessem casado.

Dois estágios do amor

O tempo médio de duração da paixão é de dois anos. Não permanecemos obcecados pelo cônjuge para sempre. Se fizéssemos isso, nunca seríamos capazes de realizar coisa alguma. Certa vez, um homem que estava perdidamente apaixonado me disse: "Estou com medo porque acho que estou prestes a perder meu emprego. Desde que conheci Julie, não consigo mais me concentrar em meu trabalho". É difícil manter o foco em outra coisa quando estamos amando. Toda a nossa energia e todos os nossos pensamentos se concentram na ideia de estar com a pessoa amada. Quando estamos juntos, a alegria é suprema; se nos afastamos, ansiamos pela oportunidade de estar juntos de novo.

O que muita gente não consegue entender é que há dois estágios distintos no amor romântico ou emocional. O primeiro estágio é o da euforia altamente emocional da paixão obsessiva. Nesse estágio, somos impulsionados por nossas emoções. Nossos atos de gentileza exigem pouco esforço de nossa parte. Subiríamos com toda satisfação a montanha mais alta, ou mergulharíamos no mar mais profundo, pela pessoa que amamos. Sem pensar duas vezes, compramos presentes que não podemos pagar e fazemos promessas que jamais poderemos cumprir. É um período muito divertido! Só que também é passageiro. Não é possível sustentá-lo por muito tempo.

O segundo estágio do amor é bem mais realista, e exige reflexão e esforço. Já deixamos de ser carregados pelas ondas das fortes emoções. Perdemos a ilusão de que a outra pessoa é perfeita. Voltamos ao mundo real: preparar as refeições, lavar a louça, limpar o banheiro e, talvez, trocar a fralda do bebê. Nossas diferenças se manifestam; nós nos flagramos discutindo por causa de bobagens.

Nossas emoções se deterioram a ponto de a relação se azedar. Se permitirmos que as emoções assumam o controle, começaremos a discutir um com o outro. As discussões levam ao ressentimento que, por sua vez, acaba com toda a intimidade. O estágio 1 chegou ao fim, mas ninguém avisou como entrar no estágio 2.

Os desafios do estágio 2

A razão pela qual o estágio 2 é difícil é que ele não começa com emoções empolgantes e divertidas, mas com uma escolha consciente. O estágio 1 começa com um frio na barriga; o estágio 2, com a escolha de uma atitude positiva.

Certa vez, um homem contou-me a respeito de sua experiência:

> Nos primeiros dias de nosso casamento, enfrentamos muita luta. Eu percebi que estava alimentando sentimentos negativos em relação a minha esposa. Ela não correspondia às minhas expectativas, e tenho certeza de que dizia a mesma coisa a meu respeito. Por fim, cheguei à conclusão de que não me havia casado com uma mulher perfeita, do mesmo modo que ela não se casara com um homem perfeito. A verdade é que nós tínhamos nossas diferenças, só que eu não havia casado com ela para torná-la uma pessoa triste. Eu queria que aprendêssemos a trabalhar juntos, como uma equipe, e aproveitássemos a vida juntos, criando nossos filhos dentro de um lar marcado pelo amor. Assim, resolvi pedir a Deus que me ajudasse a aprender a ser um bom marido. No domingo seguinte, nosso pastor falou a respeito do assunto e leu o versículo segundo o qual devemos amar nossa

esposa da mesma maneira que Cristo amou a igreja. Entendi que aquela era uma maneira de Deus responder à minha oração. Por isso, pedi a ele que me mostrasse como amar a minha esposa. O primeiro pensamento que me veio à mente foi: "Por que você não pergunta a ela?". E foi o que fiz. Naquela tarde eu disse à minha esposa: "Quero me transformar no melhor marido do mundo, e estou pedindo a você que me ensine como fazer isso. Uma vez por semana, quero que você me diga uma coisa que possa tornar-me um marido melhor, e eu farei o possível para melhorar nessa área". Ela estava ansiosa por me ajudar. Cerca de dois meses depois, ela me pediu para oferecer ideias de como poderia transformar-se em uma esposa melhor. Isso aconteceu há quinze anos. Agora o nosso casamento está ótimo. Ambos somos felizes, e nossos filhos são maravilhosos.

— E quanto ao aspecto sexual do casamento? — Perguntei.

Ele olhou para mim com um brilho no olhar e disse:

— Não poderia estar em melhor condição.

Eu sabia que eles estavam fazendo amor, e não apenas sexo.

Tudo começa pela atitude

A experiência daquele homem ilustra o princípio de que o segundo estágio do amor começa quando se assume uma atitude. Tal atitude se expressa em atos de gentileza que, por sua vez, estimulam sentimentos de carinho. Os casais que aprendem a sair do estágio 1 para o estágio 2 do amor emocional são aqueles que aprendem a fazer amor, e não apenas sexo.

Muitos casais se limitam a aguardar, esperando que o "frio na barriga" um dia volte. Quando isso não acontece, a atitude e o comportamento dos cônjuges se tornam negativos, e assim eles destroem aquilo que mais desejam, ou seja, um casamento feliz. O amor emocional pode ser restaurado, mas isso não acontece simplesmente com o passar do tempo. Essa restauração só ocorre quando os casais optam pela atitude de amar e de encontrar formas significativas para expressar esse amor. Atos de amor estimulam sentimentos de amor.

A satisfação sexual tem pouco a ver com a técnica, mas tem muito a ver com a atitude, as palavras e as ações. As perguntas subjacentes são as seguintes: Será que estou demonstrando o amor que sinto por meu cônjuge? E a minha atitude? Até que ponto ela é caracterizada pelo amor? Estou mesmo preocupado com os interesses de meu cônjuge? Será que minha maior preocupação é satisfazer suas necessidades? Se esses são meus desejos mais sinceros, então devo tomar cuidado com palavras e ações. Será que consigo mostrar ao cônjuge, pelo meu jeito de conversar e pelo que digo, que estou comprometido com seu bem-estar? Consigo vê-lo como um presente de Deus? Será que me vejo como um agente de Deus na edificação de meu cônjuge para que ele se torne tudo quanto deseja ser? Até que ponto minhas ações conseguem refletir o meu amor?

Quando preparo uma refeição, faço isso como uma expressão de amor pelo meu cônjuge ou me deixo dominar pelo ressentimento? Ao levar o lixo para fora, tal iniciativa é uma atitude de amor ou reclamo o tempo todo? Quando minhas palavras e ações refletem o amor de Cristo, estou no caminho certo para desfrutar um relacionamento sexual que não apenas proporciona satisfação para ambos, como também agrada o próprio Deus. Fazer a vida de meu cônjuge melhor é a base do amor.

Escolhemos nossa atitude todos os dias. Quando optamos por ser negativos, críticos, acusadores e exigentes, estimulamos sentimentos igualmente negativos no coração do cônjuge. Em contrapartida, quando escolhemos ser positivos, apoiadores, incentivadores e generosos, estimulamos o surgimento de emoções positivas também.

Estou convencido de que a oração mais poderosa que uma pessoa pode fazer por seu casamento é esta: "Senhor, conceda-me a mesma atitude de Cristo no que diz respeito ao meu cônjuge". Faça essa oração diariamente. Deus responderá. O tema da vida de Cristo era servir as pessoas. Quando uma atitude semelhante permeia seu comportamento em relação ao cônjuge, pode ter certeza de que você está no caminho certo para fazer amor. A maneira como você e seu cônjuge se tratam ao longo do dia determina se farão amor ou se limitarão a fazer sexo. O sexo sem amor nunca proporcionará a vocês um casamento gratificante.

Uma boa maneira de demonstrar uma atitude de serviço diante de seu cônjuge é perguntar o que você pode fazer para tornar a vida dele mais agradável, ou o que pode fazer para se tornar melhor marido ou esposa. Ouça com muita atenção todas as sugestões e então você começará a aprender a expressar seu amor de maneiras especialmente significativas para seu cônjuge.

Quando um se sente amado, reconhecido e respeitado de fato pelo outro, isso leva o amor a outro nível em termos de relacionamento sexual. As recompensas são inestimáveis.

■ COLOCANDO OS PRINCÍPIOS EM PRÁTICA

1. Qual das afirmações a seguir melhor descreve seu relacionamento conjugal?
   ( ) Com certeza, ainda estamos no estágio da paixão.
   ( ) Já fizemos a transição e agora estamos no estágio 2, do amor romântico.
   ( ) Estamos bem no meio do caminho: já saímos do estágio 1, mas ainda não entramos no estágio 2.

2. Se você está no meio do caminho, como poderia descrever sua atitude atual?
3. Você estaria disposto a pedir a Deus que lhe concedesse a mesma atitude de Cristo em relação a seu cônjuge — uma atitude de serviço e amor?
4. Você estaria disposto a admitir que antes mantinha uma atitude negativa, mas que pediu a Deus que lhe ensinasse a ser o marido ou a esposa que seu cônjuge merece?
5. Pergunte a seu cônjuge: "Que tal me dar uma ideia por semana de como eu poderia ser melhor como marido (ou esposa)? Se você me disser o que espera de mim, farei o possível para realizar".

5

A linguagem do amor mais eficiente

À MEDIDA QUE VOCÊ LÊ ESTE LIVRO, é possível que um pensamento lhe tenha passado pela cabeça: "Já tentei algumas dessas coisas, mas a impressão que tenho é que nenhuma delas fez diferença. Não importa o que eu faça, sempre parece insuficiente para satisfazer meu cônjuge". Ao longo de minha carreira como conselheiro, deparei-me com centenas de casais que tentavam, com toda a sinceridade, demonstrar amor um pelo outro e transformar o aspecto sexual do casamento em um ato genuíno de amor. Contudo, eles se frustravam quando essas demonstrações de amor não pareciam ser "suficientes" para o cônjuge.

Eu me lembro de Marc, que disse:

> Eu desejava muito fazer alguma coisa especial por Jill. Queria que ela soubesse quanto a amo, por isso gastei muito dinheiro em um anel. Achava que ela iria gostar muito dele. Planejei dar-lhe o anel ao fim de uma noite bem romântica. Jantamos juntos em um restaurante bastante agradável e caminhamos pelo Jardim Botânico. Comentei que tinha uma surpresa para aquela noite, pois queria mostrar como a amava.
>
> Em seguida, entreguei-lhe o anel. Ela gostou muito e me deu um grande beijo e um abraço. Fiquei na expectativa de que naquela

noite tivéssemos uma experiência sexual ardente, mas ela disse: "Estou tão cansada". Passei as duas horas seguintes deitado na cama, pensando: "O que um homem precisa fazer para receber pelo menos um pouco de amor por parte da esposa?".

Marc desejava muito fazer do sexo com sua esposa um ato de amor. Ele achava que um jantar romântico seguido de uma caminhada por um belo jardim e que culminasse com a entrega de um presente caro certamente criaria o clima perfeito para uma experiência sexual cheia de amor. A questão não era sua sinceridade; ele foi muito honesto naquilo que ofereceu à esposa. O problema residia em seu conceito equivocado daquilo que poderia fazer sua esposa *sentir-se* amada. Ele acreditava que qualquer mulher se sentiria amada se um homem fizesse o que ele fez naquela noite. Acontece que Marc não levou em consideração que as pessoas possuem diferentes linguagens do amor. O que faz uma mulher se sentir amada pode não funcionar com outras.

Em minhas sessões de aconselhamento a Marc e Jill, descobri que a principal linguagem do amor dela eram os *atos de serviço*. O que realmente a fazia sentir-se amada era quando o marido a ajudava com os projetos do lar ou quando fazia alguma coisa que "aliviasse sua carga de trabalho". Marc estava usando a linguagem do *tempo de qualidade*, oferecendo à esposa uma noite de atenção focada, assim como a linguagem do oferecimento de *presentes*. Ainda que Jill apreciasse as duas coisas, elas não conseguiam sensibilizar tão profundamente seu coração como expressões sinceras de amor. Durante meses ela pedira ao marido que a ajudasse lavando a louça, jogando o lixo fora, passando aspirador e lavando o carro. No entanto, era como se aqueles pedidos entrassem por um ouvido de Marc e saíssem pelo outro. Na cabeça dele, as tarefas do lar não constituíam uma responsabilidade do marido. Além disso, por que ele deveria lavar o carro dela se nem mesmo lavava o dele? Jill não precisaria gastar mais que 3 dólares em um lava-rápido. Assim como não custava nada para ele, não custava nada para ela também.

Por causa disso, Jill não se sentia amada por Marc; ao contrário, estava começando a nutrir certo ressentimento pelo marido. Jantar em um restaurante bonito, caminhar pelo jardim e ganhar um bom presente não compensava o sofrimento e a sensação de rejeição que ela estava experimentando. Ele estava sendo sincero, mas não conseguia expressar o seu amor na linguagem mais eficaz.

As cinco linguagens do amor

Depois de aconselhar centenas de casais, descobri que há cinco maneiras fundamentais de demonstrar amor. Eu as chamo de "as cinco linguagens do amor". Há muitos anos, escrevi um livro com esse título. Já vendeu mais de 4 milhões de cópias e foi traduzido em 35 idiomas em vários países.[1] Neste capítulo, quero oferecer a você um breve resumo dessas linguagens.

Cada pessoa possui uma linguagem do amor principal, primordial; ou seja, uma dessas linguagens do amor fala de maneira mais profunda a nós que as outras quatro. É muito parecido com os idiomas que as pessoas falam. Todos nós crescemos falando um idioma com um dialeto (eu fui criado falando o inglês ao estilo dos sulistas dos Estados Unidos). É esse idioma e esse dialeto que entendemos melhor. O mesmo vale quando se trata do amor emocional. Se seu cônjuge usar sua linguagem do amor primordial, você se sentirá amado e estimado. No entanto, se ele não falar sua linguagem do amor, pode ser que você não consiga sentir-se amado, mesmo que o cônjuge esteja usando uma das outras quatro linguagens.

Já me referi à maioria dessas linguagens, mas me permita mostrá-las de maneira bem clara a você e falar um pouco sobre cada uma delas.

Palavras de afirmação (ou elogios)

As Escrituras dizem: "... o amor edifica".[2] Ou seja, quem ama promove o desenvolvimento da outra pessoa. Quando você usa a linguagem das palavras de afirmação (ou elogios), está usando palavras para expressar seu amor e seu apreço ao cônjuge.

- Puxa! Você fica muito bem com esse visual.
- Obrigada por levar para fora o lixo reciclável.
- Ótima refeição! Eu realmente agradeço por todo o trabalho que você teve para prepará-la.
- Fiquei muito orgulhosa de você quando o vi lendo uma historinha bíblica para a Jennifer esta noite.
- Obrigada por abastecer o meu carro. Foi uma ajuda e tanto.
- Seu cabelo está muito bonito.
- Fico feliz pelo fato de você se apresentar como voluntária para ensinar aos alunos da classe de cinco anos da escola bíblica dominical. Tenho certeza de que fará um excelente trabalho. As crianças adoram você.
- Conforme você perde peso, vai ficando mais bonito. É claro que eu o amaria mesmo que não estivesse emagrecendo.

Todas essas declarações constituem palavras de afirmação. Elas podem concentrar-se na personalidade de seu cônjuge: "Adoro ver como você é organizada. Isso me ajuda a economizar um bocado de tempo". Ou então: "Seu otimismo me encoraja a continuar tentando". As palavras de afirmação também podem focar em algum tipo de realização que o cônjuge alcançou: "Fico muito feliz em saber que você está fazendo aquele curso de computação. Eu sabia que você era capaz"; "Fiquei muito orgulhosa de você quando recebeu aquele passe de longa distância e marcou o gol no jogo de hoje à tarde. Aquela jogada foi decisiva para seu time". Essa linguagem do amor pode ainda se referir à aparência física de seu cônjuge: "Eu me sinto tão protegida quando sinto os músculos de seu braço"; "Adoro seus olhos azuis. Eles estão sempre tão brilhantes".

Quando a linguagem do amor primordial de uma pessoa são as palavras de afirmação, nada é capaz de fazê-la se sentir mais amada do que as coisas positivas que o cônjuge diz. No sentido inverso, se você usa palavras negativas e ásperas, seu cônjuge se sentirá bastante magoado e não conseguirá recuperar-se com facilidade. Será quase impossível para ele fazer amor depois de ouvir coisas que o magoaram. Se as palavras de afirmação constituem a principal linguagem do amor de seu cônjuge, você precisa aprender a usá-las com fluência, caso deseje fazer do sexo um ato de amor.

PRESENTES
Para algumas pessoas, nada fala mais profundamente de amor do que um belo presente. Ele transmite a mensagem de que alguém pensou em você. O presente pode ser tão simples quanto um buquê de flores colhido do jardim de casa ou tão caro quanto o anel que Marc deu a Jill. O mais importante não é o preço do presente, mas o fato de que alguém se lembrou da pessoa amada. O presente é uma indicação visível de zelo, além de comunicar muito bem o sentimento de amor.

Se receber presentes é a principal linguagem do amor de seu cônjuge, você precisa aprender a oferecê-los com regularidade. Não é preciso ser milionário para usar essa linguagem. Alguns presentes não custam nada: uma flor do jardim, um "tesouro" que você guardava desde os tempos da infância, um brinde encontrado dentro da embalagem de algum produto.

Outros presentes são bem baratos: um doce, um sorvete, uma rosa comprada de um vendedor no semáforo, a revista favorita de seu cônjuge ou uma bijuteria. Há ainda os presentes muito mais caros, como o ingresso para a final de um grande evento esportivo, diamantes e rubis, um título do clube da região ou a inscrição para uma temporada no spa. Seu cônjuge conhece seu orçamento e sabe até quanto você pode gastar. A pessoa cuja linguagem do amor são os presentes não cria expectativa além daquilo que é financeiramente razoável. No entanto, um cônjuge assim está sempre esperando por evidências de seu amor, que se traduzem em presentes.

Talvez receber presentes não seja tão importante para você. Se for esse o caso, é provável que você relute antes de oferecer alguma coisa a seu cônjuge. No entanto, se receber presentes é a linguagem do amor primordial de seu cônjuge, você está perdendo uma ótima oportunidade de expressar seu amor.

Leva tempo para aprender a "falar" essa linguagem. Se você procura por ideias novas, talvez precise contar com a ajuda da irmã de sua esposa ou do pai de seu marido. Ou então pode pedir ao próprio cônjuge que faça uma lista dos tipos de presente que ele considera mais significativos.

Se receber presentes é a linguagem do amor primordial de seu cônjuge, não permita que se passe um dia especial sequer sem oferecer um presente específico. E não deixe de dar presentes também em outros dias que não sejam tão especiais.

Atos de serviço

A terceira linguagem do amor são os *atos de serviço* — tomar a iniciativa de fazer por seu cônjuge as coisas que ele gostaria que você fizesse. Se você está casado há alguns anos, é provável que já saiba que coisas são essas, pois seu cônjuge deve repeti-las com frequência:

- Você pode dar um banho no bebê enquanto eu termino de lavar a louça?
- Você pode levar o lixo para fora esta noite, por favor?
- Você se importaria em pegar Stephanie na escola com meu carro? Aliás, seria ótimo se, no caminho de volta para casa, você passasse no posto para abastecer e calibrar os pneus.
- Será que você passaria na farmácia para comprar os remédios que o médico me receitou?
- Seria possível você aparar o gramado na sexta-feira à noite? Minha irmã vem visitar-nos no domingo.
- Que tal fazer uma torta de cerejas esta semana? Eu adoro a torta de cereja que você faz.

Todas essas coisas constituem solicitações para que o cônjuge execute atos de serviço. Se seu cônjuge alguma vez pediu que você fizesse uma dessas coisas, pode ter certeza de que se trata de algo que ele apreciaria muito, principalmente se aquilo se tornasse um hábito.

Se os atos de serviço constituem a principal linguagem do amor de seu cônjuge, então sua reação positiva a um pedido dele será uma demonstração de amor muito poderosa. Em contrapartida, quando você ignora um pedido, seu cônjuge não se sente amado. Um presente caro não substituirá, por exemplo, o hábito de recolher o lixo reciclável e levá-lo para fora. Foi isso que Marc descobriu quando ele e Jill passaram pelo processo de aconselhamento.

Falar a linguagem de amor de seu cônjuge potencializa o relacionamento sexual porque é uma maneira de mostrar que ele é amado. Lembro-me de certo homem que disse: "Como eu gostaria que alguém me dissesse vinte anos atrás que o fato de eu levar o lixo para fora despertaria o desejo sexual de minha esposa. Para mim, não passava de mais uma tarefa banal. Se soubesse como ela gostava disso, faria duas vezes por dia!". Ele levou muito tempo para aprender a lição, porém nunca é tarde demais.

Tempo de qualidade

Tempo de qualidade significa oferecer a seu cônjuge total atenção. Se essa é a principal linguagem do amor dele, nada será mais importante que passar tempo juntos, sem ninguém para interromper.

Há quem pense que tempo de qualidade se resume a duas pessoas juntas durante certo período. Lembro-me de um homem que comentou o seguinte:

> Sei que ela gostava tanto de futebol quanto eu, por isso comprei ingressos para o jogo. Ela me havia contado que sua linguagem do amor primordial era o tempo de qualidade. Por isso, eu esperava que, depois de passarmos a noite toda juntos, ela realmente se sentisse amada. Fiquei chocado quando voltamos para casa naquela noite e ela me perguntou:
>
> — Alex, você me ama de verdade?
>
> — Você sabe que eu a amo — respondi. — Foi por isso que comprei ingressos para o jogo. Você me disse que o tempo de qualidade era sua linguagem do amor, e fiz o possível para passarmos um bom tempo juntos.

Ela balançou a cabeça, começou a chorar e saiu. Foi então que descobri que faltava alguma coisa. Mais tarde, ela disse:

— Nós estávamos juntos, é verdade, mas nenhum dos dois tinha a atenção totalmente voltada para o outro. Estávamos preocupados apenas com o jogo. Você conversou com o homem que estava ao seu lado e com o outro que estava a sua frente, mas quase não falou comigo. No caminho para casa, só falamos sobre como tinha sido o jogo. Ficamos juntos durante quatro horas, mas você não perguntou nada a meu respeito. Às vezes, tenho dúvidas de que você realmente se importa comigo.

Garanti que me importava com ela e que a amava muito, mas posso dizer que minhas palavras lhe pareceram vazias. Foi nessa noite que peguei o livro *As cinco linguagens do amor* e comecei a ler. Ela vinha pedindo para eu lê-lo havia meses. Falou-me sobre o conceito do livro e disse que sua linguagem do amor era o tempo de qualidade. Mas eu sabia que estava faltando alguma coisa.

Quando li o livro, percebi que aquilo que ela mais desejava de mim era atenção total. Queria que eu sentasse com ela no sofá, caminhasse a seu lado e me interessasse por seu dia a dia. Minha esposa não queria sofrer a concorrência da televisão ou do computador. Desejava saber que era a coisa mais importante em minha vida. Percebi que meus esforços para falar sua linguagem do amor não estavam dando certo.

Alex prosseguiu seu relato:

No dia seguinte, levei o livro para o trabalho e terminei a leitura. Naquela noite, disse a ela que tinha lido o livro e percebido como vinha falhando em entender o que ela tentava dizer sobre tempo de qualidade. Também pedi desculpas e disse que desejava mostrar quanto a amava. Perguntei a minha esposa se ela gostaria da ideia de começarmos a dedicar um período diário para ficar juntos. Passaríamos vinte ou trinta minutos, toda manhã, sentados lado a lado, com a TV desligada, para conversar sobre a nossa vida. Ela disse: "É por isso que tenho esperado há tanto tempo".

Aquele foi o início de um novo capítulo na história de nosso casamento. Certas noites, quando ela desejava, saíamos para caminhar juntos. Em outras oportunidades, sentávamos no sofá para conversar. Em duas semanas, percebi que a atitude de minha esposa em relação a mim tinha começado a mudar. Essas mudanças incluíam nosso relacionamento sexual. Eu até chegara a pensar que minha esposa tinha perdido o interesse em sexo, mas agora era ela quem tomava a iniciativa. Para mim era difícil acreditar que um pouco mais de tempo de dedicação diária pudesse fazer tanta diferença em sua atitude.

Minha linguagem do amor são as palavras de afirmação, e agora minha esposa aprendeu a usar essa linguagem comigo. Durante vários meses anteriores à "mudança", ela me dirigia comentários críticos quase todo dia. Além de não me sentir amado, eu achava que ela nem mesmo gostava de mim, e que nada que eu fizesse seria suficiente para agradá-la. Se eu tivesse concentrado minha energia no esforço de falar sua linguagem do amor, as coisas teriam sido bem diferentes há muito mais tempo. Agora que temos a questão do amor bem resolvida, o sexo está melhor do que nunca.

O que Alex descobriu foi que o tempo de qualidade não se resume a viver na mesma casa ou assistir ao mesmo jogo de futebol. Mais que isso, é dedicar atenção total ao cônjuge, demonstrando interesse pelo que está acontecendo na vida dele. Ir ao jogo de futebol pode ser uma maneira de dedicar tempo de qualidade se você passar um bom tempo do jogo olhando nos olhos do cônjuge, fazendo perguntas, demonstrando interesse de tal maneira que ele se sinta mais importante que o jogo. Você precisa conversar mais com seu cônjuge do que com a pessoa que está sentada ao seu lado ou a sua frente no estádio.

A diferença está em seu foco. Em que você está concentrado: no jogo ou em seu cônjuge? No segundo caso, estamos falando de tempo de qualidade; no primeiro, é simplesmente uma oportunidade de assistir a um jogo de futebol juntos. O tempo de qualidade envolve o interesse genuíno nas atividades de seu cônjuge, em seus desejos, pensamentos e sentimentos.

Um alerta: se, numa conversa travada durante esse tempo de qualidade, o cônjuge falar a respeito de lutas e frustrações que está enfrentando, não se apresse em oferecer respostas. Quando isso acontece, ele tende a acreditar que você não entendeu bem o problema. A melhor abordagem é demonstrar compreensão diante de tais sentimentos e frustrações, dizendo algo assim: "Posso entender quão frustrante isso foi para você. Acho que, se acontecesse comigo, eu me sentiria do mesmo jeito". Em seguida, pergunte: "Há algo que eu possa fazer para ajudar? Posso ser útil de alguma maneira?". Demonstre interesse por qualquer sugestão que seu cônjuge apresente. Se ele pedir seu conselho, ofereça; mas faça isso como "algo que pode ajudar", e não como a única solução para o problema. O que seu cônjuge procura é por compreensão e apoio. Você não precisa fazer o papel de pai ou mãe, determinando a maneira como ele tem de agir.

Se a linguagem do amor de seu cônjuge é o tempo de qualidade, incentivo você a estabelecer um tempo diário de dedicação total um ao outro assim que possível (quer dizer, se ele concordar que a ideia é boa). Assim, você estará no caminho certo para abastecer tanto o reservatório emocional de seu cônjuge a ponto de transbordar e se espalhar pela cama.

Toque físico

O toque físico é um poderoso veículo de comunicação. Falaremos no capítulo seguinte sobre o toque físico negativo: o abuso físico e sexual. Aqui estamos falando sobre toques positivos, afirmativos. Dar as mãos, abraçar, beijar, colocar o braço sobre o ombro ou no pescoço do cônjuge — tudo isso constitui toques físicos positivos.

Para algumas pessoas, o toque físico é a principal maneira de receber amor. Se alguém que possui essa característica não recebe toques físicos afirmativos do cônjuge, passa a não ter muita certeza de que é amado mesmo quando recebe presentes, elogios, tempo de qualidade ou atos de serviço. O raciocínio é o seguinte: "Se você raramente me toca, isso é sinal de que dificilmente pensa em mim. Não sou tão importante assim em sua vida".

Gente assim costuma gostar de tocar também. Um exemplo é o daquele homem que procura dar um tapinha nas costas de cada pessoa que encontra no caminho. Ou aquela mulher que abraça todo mundo que vê. Eles tocam outras pessoas porque, em sua mente, essa é a melhor maneira de expressar seu amor.

Talvez você tenha sido criado em um lar no qual o toque físico não era valorizado. Por essa razão, esse conceito pode parecer um pouco antinatural. De repente, você se vê casado com alguém para quem o toque físico é a linguagem do amor primordial. Como deve agir nessa situação? A resposta é simples: aprenda a usar o toque físico. As primeiras vezes que você tentar fazer isso podem parecer esquisitas ou nada naturais, mas posso garantir que será um gesto de grande significado para seu cônjuge. Quanto mais você fizer isso, mais fácil se tornará. Determine um objetivo: o de tocar o cônjuge de maneira amorosa todos os dias. Se a linguagem de amor dele for o toque físico, um abraço antes de sair para trabalhar e um beijo quando voltar para casa farão maravilhas para o relacionamento na cama.

É óbvio que o ato sexual envolve o toque físico. No entanto, se você se limitar a tocar o cônjuge apenas nos momentos em que estiverem fazendo sexo e o toque físico for a principal linguagem do amor que ele entende, posso dizer que a relação sexual não será um ato de amor. Certa vez, uma mulher disse:

> Ele só encosta em mim quando quer fazer sexo. Jamais recebo um beijo, ele nunca me abraça, nunca me oferece a mão quando estou saindo do carro. Ele não me dá a mão quando estamos sentados lado a lado. Minha linguagem do amor primordial é o toque físico. Meu reservatório emocional de amor está vazio. Aí ele aparece querendo sexo. Não consigo suportar essa situação. Não acho que ele me ama.

Esse homem não faz amor com a esposa; apenas sexo.

Por ser o impulso sexual masculino diferente em termos biológicos, alguns homens automaticamente chegam à conclusão de que sua principal linguagem do amor é o toque físico, que imediatamente associam à relação sexual. Minhas perguntas a esses homens são as seguintes: Os toques físicos que você recebe e não estão relacionados diretamente ao ato sexual são, em sua opinião, evidências de que você é amado por sua esposa? Quando ela o abraça ou o beija sem o objetivo de excitá-lo, você se sente amado? Você gosta que ela segure sua mão quando vocês caminham pela calçada? Gosta quando ela senta ao seu lado no sofá? Se esses contatos sem conotação sexual não transmitem a você uma mensagem de amor emocional, então sua linguagem do amor primordial não é o toque físico.

Como descobrir a linguagem do amor de seu cônjuge

Todas as pessoas podem receber amor emocional por meio de qualquer uma das cinco linguagens do amor, mas nossa linguagem primordial é a mais importante. Se recebemos fortes doses de amor por meio de nossa linguagem principal, todas as demonstrações manifestas nas quatro outras linguagens podem ser consideradas a cobertura do bolo.

No entanto, se não recebemos um suprimento adequado de amor por meio de nossa linguagem primordial, não nos sentimos amados mesmo quando o cônjuge usa alguma das quatro linguagens, por mais sincero que ele seja. Por essa razão, o segredo para fazer do sexo um ato de amor é garantir o reconhecimento e o uso constante da principal linguagem do amor do cônjuge.

Como descobrir a linguagem do amor primordial do cônjuge? Permita-me propor três questões. A primeira é esta: De que maneira seu cônjuge costuma demonstrar amor a outras pessoas? Se ele gosta de tocá-las, isso provavelmente significa que recebe amor por meio do toque físico. Caso ele goste de fazer elogios e incentivar verbalmente os outros, esse deve ser um sinal de que a linguagem do amor primordial de seu cônjuge são as palavras de afirmação. Se prefere dar presentes em todas as ocasiões possíveis, então receber presentes pode ser a mais importante expressão de amor para ele.

A segunda pergunta é: De que seu cônjuge se queixa com maior frequência? Em geral, ficamos irritados quando o cônjuge reclama de alguma coisa, mas as queixas revelam uma necessidade do coração. Se o seu marido diz: "Não passamos nenhum tempo juntos", está indicando que o tempo de qualidade é sua linguagem do amor primordial. Ao voltar de uma viagem de negócios e ouvir de sua esposa: "Você não me trouxe nada", ela está dizendo que receber presentes é sua linguagem do amor mais eficaz.

Passamos, então, à terceira questão: O que seu cônjuge pede a você com maior frequência? Se ele costuma dizer: "Será que podemos sair para caminhar depois do jantar esta noite?" ou: "Você acha que poderíamos passar um fim de semana fora no mês que vem?", essas perguntas sugerem a demanda por tempo de qualidade. Se o cônjuge pergunta durante o banho: "Você pode esfregar-me as costas?", esse pedido é por toque físico. Uma pergunta do tipo: "Acha que eu fiz tudo direitinho?" pode significar que a principal linguagem do amor dessa pessoa são as palavras de afirmação.

As respostas a essas três perguntas revelam a linguagem do amor primordial de seu cônjuge.

Quando você aprender a falar a linguagem do amor do cônjuge, notará uma diferença significativa no clima emocional de seu casamento. Lembre-se: a linguagem do amor mais eficiente não é o que *você acha* que fará seu cônjuge se sentir mais amado, e sim o que *ele acha* importante como demonstração de amor. O cônjuge é o especialista. Não tente impor-lhe sua linguagem do amor; em vez disso, aprenda a falar a linguagem que transmite de maneira mais eficiente o amor que você sente por ele. Quando ambos se sentem amados, o sexo deixa de ser apenas uma obrigação ou um dever para se transformar em uma reação natural a esse sentimento. E então o casal estará, de fato, "fazendo amor".

■ COLOCANDO OS PRINCÍPIOS EM PRÁTICA

1. Você sabe dizer qual é a principal linguagem do amor de seu cônjuge? Sabe qual é a sua linguagem do amor primordial?

2. Caso você desconheça o conceito das linguagens do amor, tente fazer a si mesmo as três perguntas sugeridas ao fim deste capítulo.
3. Até que ponto o conhecimento da linguagem do amor primordial de seu cônjuge muda sua maneira de expressar seu amor por ele?
4. Que mudanças você gostaria que seu cônjuge fizesse no modo como ele manifesta seu amor por você, considerando sua principal linguagem do amor?

6

O amor não faz sofrer

ELA CHORAVA DE MANEIRA DESCONTROLADA quando disse:

Preciso de ajuda. Não consigo mais aguentar essa situação. Na noite passada, ele me empurrou no sofá e me fez um sermão de trinta minutos, dizendo que a culpa era minha por nossos filhos não estarem se saindo bem na escola; que, se eu os ajudasse a fazer as lições de casa, eles teriam tirado notas melhores. Ele me acusou de ficar assistindo à televisão quando devia estar ajudando as crianças. Não sei como ele teve coragem de me fazer essas acusações.

Ele nunca está em casa à noite. Está sempre bebendo com os amigos e falando de esportes. Ele não me ajuda nem um pouco a criar os filhos. Chega em casa às dez ou onze da noite e ainda quer fazer sexo. É insuportável! E, se eu me recuso a fazer sexo, ele fica furioso. Por isso, eu acabo cedendo, mas detesto ter de fazer isso.

Para mim, era evidente que esse casal, embora praticasse o sexo, não tinha a menor noção do que significava fazer amor.

Enquanto um dos cônjuges infligir sofrimento ao outro, eles nunca sentirão a satisfação que fazer amor proporciona. Há muitas áreas nas quais as pessoas podem passar por sofrimento. Permita-me compartilhar três das mais comuns.

Sofrimento emocional

O sofrimento emocional é resultado da linguagem áspera. Vozes alteradas e palavras de acusação são como bombas emocionais que explodem no coração das pessoas e destroem o amor.

As Escrituras hebraicas nos dizem: "A língua tem poder sobre a vida e sobre a morte; os que gostam de usá-la comerão do seu fruto".[1] Você pode matar seu cônjuge — ou então, conceder-lhe a vida — pela maneira como fala. Quando você incentiva seu cônjuge usando palavras afirmativas, isso gera nele o desejo de ser uma pessoa cada vez melhor. Quando você acaba com seu cônjuge usando palavras negativas, isso gera nele o desejo de revidar com palavras igualmente nocivas.

Na maioria dos casamentos, o sofrimento emocional raramente acontece a apenas um dos cônjuges. Deixar de amar e respeitar o outro costuma levar a brigas e acusações. Por exemplo, o marido da pessoa que conhecemos no início deste capítulo disse o seguinte:

> Ela é muito crítica a meu respeito, e o que diz não corresponde à verdade. Não fico conversando com os amigos todas as noites. Uma noite por semana, nós gostamos de assistir juntos ao jogo de futebol pela televisão, mas no resto da semana fico, trabalhando no jardim ou em casa.

Eles estavam restaurando uma casa antiga. Aquele homem prosseguiu:

> Nada do que faço é suficientemente bom para ela. Minha mulher me culpa por todos os problemas que enfrentamos. Sei que não devia tê-la empurrado no sofá, mas eu já estava farto de tudo aquilo. Quando

ela me disse que a culpa era minha por nossos filhos estarem tirando notas ruins na escola, explodi. Eu não tive uma boa educação. Não tenho como ajudar as crianças. Ela poderia ajudá-los, mas, em vez disso, fica assistindo à televisão e fumando, uma coisa que odeio. A fumaça do cigarro está matando todos nós.

Palavras de condenação, como as que esse casal costumava trocar, penetram fundo como ferrões e causam ainda mais ressentimento. Duas pessoas magoadas uma com a outra se tornam fontes de palavras negativas que estimulam ainda mais sofrimento emocional. Quando o coração está cheio de dor, não sobra espaço para o amor. O casal pode até se afastar para escapar da troca de palavras ásperas. Ou então pode manter o tiroteio verbal até que um deles, por fim, resolva render-se.

Em silêncio, ambos sofrem a dor da condenação e da rejeição. Ainda que continuem a fazer sexo, eles nunca serão capazes de fazer amor enquanto não houver arrependimento e perdão genuínos e as palavras ásperas não forem substituídas por palavras de amor e carinho.

A boa notícia é que, se estivermos prontos para abandonar o comportamento destrutivo e confessar nossos erros, Deus não só nos perdoará, como nosso cônjuge demonstrará a mesma disposição. Quando os muros da dor e do sofrimento são removidos, temos o potencial para aprendermos a ser pessoas amorosas, que usam palavras afirmativas e de incentivo para edificar o cônjuge e criar nos dois o desejo de se tornarem pessoas melhores a cada dia.

Há algum tempo, falei sobre o poder das palavras afirmativas com uma mulher. Ela olhou para mim e disse, com toda sinceridade:

— Ouço o que o senhor está dizendo. Sei que seria muito bom se eu pudesse dirigir algumas palavras positivas a meu marido.

Mas, para ser sincera com o senhor, não consigo pensar em nada de bom em relação a ele.

Fiz uma pausa. Em seguida, perguntei:

— Seu marido costuma tomar banho?

— Sim — ela respondeu.

— Com que frequência?

— Todos os dias.

— Então, se eu fosse você, começaria por aí. Diga a ele: "Fico feliz por você estar tomando banho hoje". Há alguns homens que não fazem isso com regularidade.

Nunca conheci um homem sobre o qual a esposa não pudesse encontrar *alguma coisa* de bom. Da mesma forma, nunca conheci uma mulher a respeito de quem o marido não pudesse encontrar *alguma coisa* positiva. E, quando você fala com seu cônjuge sobre algo de que gosta nele, significa que deu o primeiro passo no sentido de aprender a fazer amor.

Sofrimento físico

O sofrimento físico pode manifestar-se de duas maneiras. Uma delas costuma ser chamada de abuso físico e a outra, de abuso sexual. O abuso físico envolve infligir algum tipo de dor física em outra pessoa. Empurrar, sacudir, bater e agarrar são exemplos de abuso físico. Ao longo dos anos, muitas pessoas chegaram a meu escritório usando camisa de manga comprida ou outra roupa que pudesse esconder as escoriações nos braços, ou óculos escuros para que ninguém visse um olho roxo. Onde o abuso físico é considerado normal, as pessoas não conseguem fazer amor. A vítima pode até consentir com aquela situação para evitar mais abusos, porém o coração dessa pessoa se fecha por causa do sofrimento.

O abuso sexual pode ou não envolver abuso físico como o que foi mencionado no parágrafo anterior. No entanto, mesmo quando não envolve, o sofrimento é infligido à medida que um dos cônjuges trata o outro como um objeto, e não como uma pessoa. O marido que obriga a esposa a fazer sexo com ele está abusando dela. O homem que se mostra insensível quando a esposa está enfrentando algum problema físico que lhe causa dor ou desconforto, como uma infecção vaginal, e que insiste em fazer sexo com ela de qualquer maneira, está abusando da mulher.

Em contrapartida, a esposa que se recusa a receber tratamento médico quando enfrenta um problema de saúde está abusando de seu marido. Tal abuso alimenta o sofrimento e o ressentimento, e nenhum dos dois contribui para que o casal descubra o significado de fazer amor.

Para fazer amor de fato é preciso assumir a atitude oposta, segundo a qual um cônjuge diz ao outro: "A última coisa que desejo fazer é causar a você algum tipo de sofrimento, por isso, por favor, diga-me se estou fazendo alguma coisa que provoque dor física. Quero dar prazer a você, e não provocar sofrimento". Quando essa atitude se manifesta tanto em palavras quanto em atos, você aprende a fazer amor, e não apenas sexo.

Sofrimento espiritual

Para um cristão, o sexo tem uma dimensão espiritual. Ao reconhecer o ato sexual como uma dádiva divina e o casamento como o cenário adequado no qual Deus deseja que o homem e a mulher aproveitem essa dádiva, o cristão encara o sexo com profundo senso de gratidão ao Criador. Tal gratidão pode até ser manifesta em meio à relação sexual. O prazer entre o marido e a mulher é tão intenso que o coração de um deles ou de ambos pode elevar-se em louvor e ação de graças a Deus por tê-los unido.

No entanto, essa dimensão espiritual se perde quando um dos cônjuges opta por se afastar de Deus. Se você é uma pessoa cristã e, por um motivo qualquer, seu cônjuge rejeita Deus, é bem provável que vocês tenham de passar por um grande sofrimento. Você percebe que o casal jamais alcançará seu potencial se não puder contar com a aprovação divina.

Se você enfrenta essa situação, ore para que Deus conceda a capacidade de amar seu cônjuge mesmo quando o comportamento dele provoca sofrimento em seu coração. O amor de Deus em relação a nós é incondicional. Esforce-se para seguir o mesmo exemplo e confie em Deus para transformar sua caminhada de fé em um testemunho positivo, influenciando seu cônjuge.

No sentido inverso, o ato de fazer amor é grandemente potencializado quando o marido ou a esposa toma a iniciativa de reconhecer a necessidade de Deus em todas as áreas da vida. Quando o homem e a mulher escolhem passar algum tempo juntos lendo a Bíblia ou orando, eles potencializam sua experiência sexual, como casal.

Quando a esposa vê o marido tomando a iniciativa de ler historinhas bíblicas para os filhos e assegurando que as crianças compreendam o amor de Deus, ela o respeita cada vez mais. O interesse dela por Deus a faz desejar mais intimidade com o homem de sua vida, que também busca o Senhor. Trata-se de um fato. Esses casais que caminham perto de Deus serão muito mais bem-sucedidos que os outros, no que diz respeito a fazer amor.

■ COLOCANDO OS PRINCÍPIOS EM PRÁTICA

1. Você consegue lembrar alguma ocasião em que seu cônjuge infligiu sofrimento emocional a sua vida com

palavras ásperas, de condenação ou de acusação? Lembra alguma oportunidade em que você tenha infligido sofrimento a seu cônjuge usando o mesmo tipo de palavras? Você tomou a iniciativa de confessar esse comportamento nocivo a seu cônjuge e pedir-lhe perdão? Se o fez, como foi a reação dele? Se não o fez, estaria disposto a tomar essa iniciativa hoje mesmo?
2. Você consegue lembrar alguma ocasião em que tenha infligido abuso de ordem física ou sexual a seu cônjuge? Lembra alguma oportunidade em que tenha sofrido esse tipo de abuso por parte dele? Algum de vocês (ou ambos) tomou a iniciativa de enfrentar os erros do passado nessa área? Se a resposta for negativa, por que não fazê-lo hoje?
3. Sua caminhada atual com Deus gera um clima que potencializa seu relacionamento sexual? Existe alguma decisão ou atitude que você tenha de tomar no sentido de se aproximar mais do ideal de marido ou esposa temente a Deus? Por que não fazer isso hoje mesmo?
4. Pense na hipótese de fazer a seguinte declaração a seu cônjuge:

Quero que saiba que o meu desejo é proporcionar a você apenas prazer e alegria, e nunca sofrimento, em todas as áreas de sua vida. Por isso, se em algum momento eu der motivos para mágoa, por favor diga-me na hora para que eu possa pedir seu perdão.

Tal declaração potencializará, em grande medida, sua capacidade de fazer amor, e não apenas sexo.

7

O amor perdoa os erros do passado

Quando seu cônjuge tomou a decisão de casar com você, é possível que o tenha feito presumindo que, depois da cerimônia de núpcias, você continuaria agindo da mesma maneira que agia quando ainda era solteiro. Infelizmente, é provável que isso não tenha acontecido. Uma vez evaporada a euforia da "paixão", as pessoas voltam a ser "normais".

Quando o comportamento considerado "normal" — ou seja, marcado pelo egoísmo, pelas exigências e pelas críticas — conduz os casais à raiva e ao ressentimento, muitos chegam à conclusão de que cometeram um erro quando se casaram, de que não há compatibilidade e de que os dois nunca serão felizes. Podem até desistir de tudo, optar pelo divórcio e sair por aí, procurando uma pessoa melhor. Infelizmente, alguns casais repetem esse ciclo duas, três, quatro vezes, e descobrem que não são muito mais felizes no quarto casamento do que foram no primeiro.

Existe uma maneira melhor de lidar com essa situação. O segredo de um casamento cheio de amor não pode ser encontrado na fuga, mas na disposição de aprender a lidar com nossa propensão ao autocentrismo. Permita-me compartilhar com você o processo de perdão mútuo, aceitação do perdão divino e construção de um futuro diferente em seu casamento.

O primeiro passo

O primeiro passo é reconhecer (inclusive diante de Deus) que, no esforço de satisfazer suas próprias necessidades, você às vezes fala ou age de maneira negativa em relação a seu cônjuge. Suas palavras ásperas e seu comportamento agressivo criam uma barreira entre os dois. Quando tal barreira existe, vocês jamais alcançam seu potencial no que diz respeito a fazer amor. Esses muros devem cair para que o relacionamento chegue ao ponto de intimidade e realização pessoal que ambos desejam desde que se casaram.

Em meus trinta anos de aconselhamento conjugal, ajudei centenas de casais a derrubar essas barreiras. Tudo começa com um simples exercício espiritual: fique a sós com Deus. Admita diante dele que você não tem sido um cônjuge perfeito. Em seguida, peça que ele mostre especificamente onde você tem errado. À medida que ele trouxer a sua mente as lembranças de seus erros, registre-os por escrito. Uma vez completada a lista, confesse todas essas coisas a Deus, uma por uma. Agradeça a ele por Cristo ter recebido o castigo devido pelos pecados que você cometeu e peça-lhe perdão.

O segundo passo

O segundo passo pode ser bem mais difícil. Agora você precisa confessar esses erros a seu cônjuge e pedir perdão. Você pode dizer algo mais ou menos assim:

> Tenho pensado muito em nós de uns tempos para cá. Percebi que estou longe do ideal de um cônjuge perfeito. Na verdade, na noite passada pedi a Deus que me mostrasse onde tenho errado em relação a você, e ele me mostrou uma lista bem grande de coisas. Pedi ao Senhor que me perdoasse por todas elas e, se você tiver alguns

minutos disponíveis, eu gostaria de compartilhar essas coisas e pedir seu perdão também.

Se seu cônjuge estiver disposto a ouvir, então leia a lista para ele e diga:

> Sei que essas coisas são erradas. Sinto-me mal por ter magoado você de modo tão profundo. Não desejo continuar com esse tipo de comportamento. Quero ser o cônjuge que você merece ter. Gostaria de pedir a você uma chance para acertar o que está errado. Peço ainda que você abra seu coração para me perdoar.

Seu cônjuge pode não reagir oferecendo o perdão imediatamente, mas, pelo menos, você abriu as portas para que essa possibilidade se concretize. Não podemos apagar os erros que cometemos, mas podemos confessá-los e pedir perdão por eles.

Depois de confessar seus erros, não há garantia de que seu cônjuge faça o mesmo. De qualquer maneira, a barreira entre vocês já não será tão difícil de ser superada, pois você começou a resolver as coisas do seu lado. Quando ambos confessarem os erros do passado e optarem pelo perdão mútuo, estarão livres para fazer amor, e não apenas sexo.

O PERDÃO DE DEUS

As Escrituras indicam que, quando confessamos nossos pecados diante de Deus, ele está sempre disposto a nos perdoar. "Se confessarmos os nossos pecados, ele [Deus] é fiel e justo para perdoar os nossos pecados...".[1] A partir do momento que confessamos nossos pecados a Deus, sentimos o abraço caloroso de nosso Pai celestial. A barreira é removida, e agora podemos manter nossa comunhão com ele.

Como discípulos de Cristo, somos orientados a perdoar uns aos outros da mesma forma que Deus nos perdoa.² O perdão não é um sentimento, e sim uma escolha. Ouvimos a confissão dos erros cometidos pelo cônjuge e o pedido de perdão. Por termos sido perdoados por Deus, optamos por perdoar os erros uns dos outros.

O perdão não remove de uma hora para outra a dor que sentimos, assim como o perdão não anula necessariamente todas as consequências do que aconteceu. No entanto, o perdão destrói a barreira entre nós e permite que o relacionamento prossiga.

Construindo um futuro diferente

Agora que já lidamos com os erros do passado, estamos prontos para construir um futuro diferente para ambos. Se simplesmente voltarmos a fazer as coisas "atendendo ao chamado da natureza", com o tempo levantaremos novas barreiras para nos separar do cônjuge. Em vez de viver uma vida natural, os cristãos são chamados a viver uma vida sobrenatural. Temos dentro de nós o poder do Espírito Santo para mudar nossas atitudes autocentradas e transformá-las em atos de amor altruísta. Em vez de procurar apenas a satisfação de nossos interesses, aprendemos a buscar a satisfação do interesse de nosso cônjuge.

Deus ama seu cônjuge de maneira incondicional, assim como ama você. Ele quer que você seja um canal para a manifestação do amor divino por seu cônjuge. Isso é verdade mesmo quando o amor que você dedica não é correspondido.

Ao descrever o amor de Deus, o apóstolo Paulo diz: "Mas Deus demonstra seu amor por nós: Cristo morreu em nosso favor quando ainda éramos pecadores".³ Ele é o nosso modelo. Deus não nos amou porque o amamos antes; ele nos amou quando ainda andávamos longe de seus caminhos. Esse é o tipo de amor que devemos demonstrar por nosso cônjuge.

Isso soa como uma impossibilidade? E é mesmo, se não pudermos contar com a ajuda de Deus. Mais uma vez, porém, Paulo nos orienta: "... Deus derramou seu amor em nossos corações, por meio do Espírito Santo que ele nos concedeu".[4] Estamos apenas transmitindo ao cônjuge o amor que Deus derramou em nosso coração.

Portanto, a oração diária do marido cristão ou da esposa cristã deveria ser assim: "Senhor, encha o meu coração com o seu amor de tal maneira que eu possa expressá-lo hoje mesmo". Esse é o tipo de oração ao qual Deus responde. Você se tornará um veículo de amor para seu cônjuge, e no tempo devido, é muito provável que a recíproca se torne verdadeira.

Isso não quer dizer que você jamais voltará a perder a paciência, a usar palavras ásperas ou a tratar o seu cônjuge de maneira rude. Significa que, quando alguma dessas coisas acontecer, você perdoará na mesma hora, procurará compensar seu erro de algum modo ou pedirá perdão. Você não permitirá que a barreira volte a se erguer.

Os cristãos não são perfeitos, mas estão dispostos a lidar com seus erros e perdoar quando há confissão e arrependimento. Como fomos perdoados por Deus, optamos por perdoar uns aos outros. A prática da confissão genuína e do perdão autêntico é o caminho de quem deseja fazer amor, e não apenas sexo.

▪ Colocando os princípios em prática

1. Você sente que há uma barreira entre você e seu cônjuge, impedindo os dois de terem a intimidade sexual que ambos desejam?
2. Se isso acontece, você estaria disposto a pedir a Deus que mostre seus erros no casamento? À medida que eles

vierem a sua lembrança, escreva-os em uma folha de papel. Em seguida, confesse-os a Deus e aceite o perdão divino.

3. Você estaria disposto a confessar esses erros a seu cônjuge e pedir-lhe perdão? (Talvez você queira ler mais uma vez a declaração de confissão mencionada no início deste capítulo.) Não há como ter certeza de que seu cônjuge oferecerá perdão imediato, mas sua confissão pavimenta o caminho para o desenvolvimento de todo o potencial para o perdão e a reconciliação.

8

Fazer amor é uma jornada para a vida inteira

A COMPATIBILIDADE SEXUAL NÃO É ALGO que alcançamos de uma vez por todas, fazendo do sexo uma experiência celestial para sempre. Tudo na vida está em processo constante de mudança. Nossos desejos sexuais são influenciados por muitos fatores variáveis. Uma doença pode afetar de maneira radical nossos desejos e nossa capacidade sexual.

A chegada dos filhos costuma abalar o equilíbrio sexual do casal.

Todos nós enfrentamos estresse físico e emocional em níveis muito variados. Períodos de forte pressão na vida podem influenciar o relacionamento sexual. Aceitar excesso de responsabilidades no trabalho, na igreja, na comunidade ou na família (em seu sentido mais amplo) também pode afetar o nível de satisfação sexual.

Quando o capitão de um navio percebe que não está no curso certo para chegar a seu destino, ele precisa ajustá-lo. Da mesma maneira, no casamento devemos de vez em quando avaliar nosso relacionamento no que concerne ao sexo e demonstrar disposição de fazer as correções de curso que se tornarem necessárias. Se nos deixarmos levar pela corrente, a tendência é a de que os conflitos levem à separação. No entanto, se mantivermos os remos dentro d'água, podemos tomar o caminho que conduz à plena e mútua realização sexual.

A boa notícia é que podemos fazer isso. No entanto, é necessário que haja comunicação, sensibilidade e uma decisão consciente de tornar o casamento a maior prioridade.

Comunicação

Fazer as correções de rota necessárias ao longo do tempo exige uma disposição constante do casal para o diálogo aberto e honesto sobre seu relacionamento sexual. O marido (ou a esposa) que não considera o sexo um assunto sobre o qual conversar, mas apenas fazer, provavelmente nunca se tornará um bom amante.

O casal sempre conviverá com diferenças no que diz respeito a pensamentos, ideias, desejos e emoções. Se marido e mulher desejam fazer amor de maneira plena e satisfatória, precisam dedicar tempo à comunicação franca.

A seguir você encontra algumas perguntas que incentivo os casais a fazer para que, dessa maneira, possam comunicar-se com mais eficiência sobre o relacionamento sexual:

- Em uma escala de 1 a 10, até que ponto você se sente satisfeito em seu relacionamento sexual? (Se a nota for 9 ou 10, é interessante propor outra questão: "O que podemos fazer para manter o relacionamento sexual nesse nível?". Se a resposta for 8 ou menos, a pergunta seguinte pode ser: "O que podemos fazer para torná-lo melhor?".)
- O que você gostaria que eu fizesse (ou deixasse de fazer) para tornar nosso relacionamento sexual mais gratificante para você?
- Se eu pudesse mudar alguma coisa para potencializar nosso relacionamento sexual, o que seria?

Essas perguntas abrem espaço para que os cônjuges falem abertamente sobre o assunto.

Sensibilidade

A partir do momento em que você começa a se comunicar com seu cônjuge sobre o relacionamento sexual, não basta apenas ouvir o que ele tem a dizer e refutar os argumentos. O mais importante é que você demonstre sensibilidade diante dos pensamentos, desejos e sentimentos dele. Por exemplo, talvez ele diga: "Eu gostaria que você não alterasse a voz nem falasse comigo de modo áspero. Isso acaba com meu desejo por intimidade sexual". Em vez de ficar na defensiva, procure reagir com sensibilidade, algo mais ou menos assim: "Fale-me mais a respeito disso. Qual impressão você tem quando altero a voz? Como você se sente quando isso acontece?".

Costumamos não prestar muita atenção ao modo como nossas palavras ou nosso comportamento são recebidos por nosso cônjuge. O mais importante aí é demonstrar sensibilidade diante das reações emocionais provocadas por nosso comportamento.

Se você deseja manter um relacionamento sexual caracterizado pela intimidade com seu cônjuge, talvez precise mudar alguns padrões de comportamento aprendidos com sua família. Muitos de nós fomos criados em lares nos quais falar alto era considerado normal. Ninguém ficava ofendido com isso.

Seu cônjuge, porém, cresceu em um lar diferente. Talvez tenha sido criado em uma família acostumada a falar baixo, com mansidão, e seu tom de voz muito alto pode soar agressivo. O marido não pode tratar a esposa da mesma maneira que o pai tratava a mãe e esperar que ela reaja do mesmo modo. Ela é uma pessoa totalmente diferente, e o comportamento dele a afeta de modo bem distinto.

A esposa pode falar com sarcasmo, ou então reagir de forma sempre negativa a cada ideia que o marido apresenta. Trata-se de uma reação natural porque era assim que a mãe dela fazia. Para ele, porém, esse comportamento é como uma espada em seu coração. Mata a motivação do marido em termos de comunicação e cria um afastamento entre os dois. A esposa que deseja tornar-se uma boa amante precisa demonstrar sensibilidade diante das reações emocionais do marido a seu comportamento.

Lembre-se: você não está preso aos padrões de discurso e de comportamento que aprendeu quando era criança. Como adulto, você tem a capacidade (com a ajuda de Deus) de mudar os padrões prejudiciais ao relacionamento conjugal. Se você deseja fazer amor, e não apenas sexo, precisa demonstrar sensibilidade diante das percepções de seu cônjuge e disposição para mudar o que for necessário.

Fazendo do casamento uma prioridade

O casal que segue Cristo com sinceridade nunca se satisfará apenas em fazer sexo. Eles desejam fazer amor e estão dispostos a investir o tempo necessário e todo o esforço possível.

A conclusão é que ambos precisam fazer do casamento uma prioridade. Apenas essa decisão fornecerá a motivação de que vocês precisam para cumprir a dura tarefa de se comunicar e demonstrar sensibilidade um com o outro. Sob o senhorio de Cristo, vocês decidem pelo tipo de casamento que Deus planejou para sua vida. Percebem que o aspecto sexual do casamento é uma parte extremamente importante da vida conjugal. Por essa razão, vocês se sentem motivados a conversar e ouvir; respeitar as ideias, os desejos e as emoções um do outro; e trabalhar juntos para chegar ao ideal divino para o casamento.

Deus nunca desejou que o sexo fosse colocado no cofre depois da lua-de-mel, depois do nascimento dos filhos ou após quinze anos de casamento. Vocês são criaturas sexuais enquanto viverem, por isso precisam relacionar-se sexualmente, buscando oferecer prazer um ao outro por toda a vida.

Os casais que farão amor a vida inteira são aqueles que estão dispostos a aprender. De vez em quando, eles lerão um livro sobre o aspecto sexual do casamento e discutirão o conteúdo, tentando melhorar cada vez mais o relacionamento. Eles participarão de seminários sobre casamento e tentarão encontrar novas ideias para fortalecer a relação. Se alguma crise acontecer e eles sentirem que o relacionamento corre perigo, buscarão ajuda com um pastor ou conselheiro. São suficientemente maduros para entender que todo mundo precisa de ajuda de tempos em tempos.

O casal maduro não medirá esforços para descobrir o ideal divino: a plena realização sexual do marido e da esposa. Eles nunca se satisfarão em fazer apenas sexo; marido e esposa desejam fazer amor e manter esse amor vivo por toda a vida.

■ COLOCANDO OS PRINCÍPIOS EM PRÁTICA

1. Escolha uma das perguntas a seguir como forma de abrir um canal de comunicação entre você e seu cônjuge: "Em uma escala de 1 a 10, como você classifica seu grau de satisfação quanto a nosso relacionamento sexual?". Se a resposta for 9 ou 10, prossiga fazendo esta pergunta: "O que podemos fazer para mantê-lo assim?". Se a resposta for 8 ou menos, faça outra pergunta: "O que podemos fazer para potencializar o nosso relacionamento?". "O que você gostaria que eu fizesse (ou deixasse de fazer) para tornar o nosso relacionamento sexual ainda melhor para você?" Talvez você queira usar as listas encontradas em "O que os maridos desejam" ou "O que as esposas desejam" (no final desta obra) para ajudar a pensar na resposta.

"Se eu pudesse mudar alguma coisa para potencializar o nosso relacionamento sexual, o que seria?"

2. Quando foi a última vez que você participou de um seminário sobre como melhorar o casamento ou assistiu a uma palestra sobre o assunto? Se isso aconteceu há mais de um ano, por que não tentar agendar um evento do gênero em alguma data do ano que vem?
3. É possível que você e seu cônjuge queiram escolher uma das obras da lista de "Leituras recomendadas", no fim deste livro, para lerem juntos. Vocês dois podem ler e discutir um capítulo a cada semana com o objetivo de potencializar o relacionamento sexual. Muitos casais descobriram que esse tipo de exercício é muito útil.

Epílogo

PARA MUITOS CASAIS HOJE EM DIA, o maior desafio está no fato de passarem por pouco ou nenhum treinamento sobre o amor. As pessoas se casam na euforia da paixão, e com a intenção de viverem felizes para sempre. Elas veem o sexo como algo celestial e que não exige esforço. No entanto, quando se recuperam dessa euforia emocional da paixão (que costuma ter uma sobrevida média de dois anos), a visão do paraíso é substituída pelo pesadelo dos conflitos. O sexo se torna um campo de batalha, e um culpa o outro por sua infelicidade. A mensagem deste livro é: seus sonhos podem tornar-se realidade e a união sexual levará os dois àquela ligação profunda que ambos desejam se vocês puderem aprender a fazer amor, em vez de se limitarem a fazer apenas sexo.

Se seu relacionamento sexual não é aquilo que vocês desejam, não se desesperem. Somos criaturas capazes de mudar e, se fizermos as escolhas certas, podemos mudar para melhor. Suas escolhas influenciarão as de seu cônjuge, e no momento certo ele retribuirá. Palavras e comportamento influenciam o cônjuge o tempo todo, de maneira negativa ou positiva. Somos nós que determinamos o tipo de influência que vamos exercer. Por isso, incentivo-o a orar diariamente para que Deus faça de você um amante de fato, e não apenas uma pessoa que só tem interesse em satisfazer seus desejos sexuais.

Algumas reflexões que valem a pena relembrar

Ao longo da história da humanidade, amor e sexo sempre estiveram relacionados. No entanto, na cultura contemporânea, amor e sexo se transformaram em sinônimos.

* * *

Os cristãos sempre viram o casamento como um relacionamento sagrado, instituído por Deus, entre o marido e a esposa. A união sexual entre os cônjuges é considerada um símbolo vivo do profundo companheirismo que os une.

* * *

O marido pode manter o desejo sexual mesmo quando as coisas não estão muito bem no relacionamento. Na verdade, muitos homens pensam que o ato sexual serve para resolver esses problemas.

* * *

Em contrapartida, a mulher deseja que algumas coisas estejam bem antes de se entregar ao ato sexual. O sexo, por si, não resolve os problemas dela.

* * *

Geralmente, é preciso bem mais energia, esforço e tempo para uma mulher atingir o orgasmo, em comparação com o homem.

Às vezes, por causa do cansaço ou de outros fatores, a esposa simplesmente não quer chegar até o fim do processo.

* * *

Se o marido e a mulher se limitam a apenas "atender ao chamado da natureza", nunca aprenderão a fazer amor de fato. O máximo que conseguirão, nesse caso, é que um deles encontre satisfação parcial e o outro se sinta usado.

* * *

Fazer amor tem tudo a ver com o que se oferece, e não com o que se exige. Quando nos concentramos no esforço de criar uma atmosfera de amor em que buscamos realmente o bem-estar do cônjuge, com o tempo acabamos recebendo o convite pelo qual tanto esperamos.

* * *

Sem amor, o mundo fica mais sombrio e o sexo se torna, na melhor das hipóteses, nada mais que um oásis temporário no meio de um deserto árido e seco.

* * *

O tempo médio de duração da paixão é de dois anos. Não permanecemos obcecados pelo cônjuge para sempre. Se fizéssemos isso, nunca seríamos capazes de realizar coisa alguma.

* * *

O amor emocional pode ser restaurado, mas isso não acontece simplesmente com o passar do tempo. Essa restauração só acontece quando os casais optam pela atitude de amar e de encontrar formas significativas para expressar esse amor. Atos de amor estimulam sentimentos de amor.

* * *

A satisfação sexual tem pouco a ver com a técnica, mas muito a ver com a atitude, as palavras e as ações.

* * *

A oração mais poderosa que uma pessoa pode fazer por seu casamento é esta: "Senhor, conceda-me a mesma atitude de Cristo no que diz respeito a meu cônjuge". Faça essa oração diariamente. Deus responderá.

* * *

Duas pessoas magoadas uma com a outra se tornam fontes de palavras negativas que geram ainda mais sofrimento emocional. Quando o coração está cheio de dor, não sobra espaço para o amor.

* * *

O perdão não é um sentimento, e sim uma escolha. Por termos sido perdoados por Deus, optamos por perdoar os erros uns dos outros.

* * *

O perdão não remove de uma hora para outra a dor que sentimos, assim como o perdão não anula necessariamente todas as consequências do que aconteceu. No entanto, o perdão destrói a barreira entre nós e permite que o relacionamento prossiga.

* * *

Deus ama seu cônjuge de maneira incondicional, assim como ama você. Ele quer que você seja um canal para a manifestação do amor divino por seu cônjuge. Isso é verdade mesmo quando o amor que você dedica a seu cônjuge não é correspondido.

* * *

Períodos de forte pressão na vida podem influenciar o relacionamento sexual. Aceitar excesso de responsabilidades no trabalho, na igreja, na comunidade ou na família (em seu sentido mais amplo) também pode afetar o nível de satisfação sexual.

* * *

Você não está preso aos padrões de discurso e de comportamento que aprendeu quando era criança. Como adulto, você tem capacidade (com a ajuda de Deus) de mudar os padrões prejudiciais ao relacionamento conjugal. Se você deseja fazer amor, e não apenas sexo, precisa demonstrar sensibilidade diante das percepções de seu cônjuge e disposição para mudar o que for necessário.

O que os maridos desejam

O QUE VOCÊ GOSTARIA QUE SUA ESPOSA fizesse (ou deixasse de fazer) para tornar o relacionamento sexual ainda melhor para você? Marque as alternativas que você gostaria de compartilhar com ela.

( ) Eu gostaria que ela aprendesse a aproveitar mais o sexo, em vez de encará-lo como obrigação.
( ) Eu gostaria de falar sobre nossos interesses sexuais ainda pela manhã. Se ambos estivermos em harmonia na hora de irmos para a cama, isso pode evitar decepções e propiciar momentos muito felizes.
( ) Eu gostaria que ela parasse de falar sobre meu peso.
( ) Eu gostaria que ela usasse roupas mais provocantes para "acender o meu fogo".
( ) Eu gostaria que minha esposa quisesse fazer sexo com mais frequência. Ela está sempre muito ocupada.
( ) Eu gostaria que ela me acompanhasse em um programa de exercícios físicos.
( ) Eu gostaria que ela assistisse a mais filmes românticos comigo.
( ) Eu gostaria de passar mais tempo de qualidade com ela.
( ) Eu gostaria que ela fosse mais aberta à ideia do sexo oral.

( ) Eu gostaria que minha esposa tomasse a iniciativa do ato sexual com maior frequência. É bem mais agradável para mim quando ela se mostra mais ativa e se dispõe a me excitar.

( ) Eu gostaria que ela fosse mais aberta e conversasse sobre esse aspecto do nosso casamento.

( ) Eu nunca me lembro de quando ocorre o ciclo menstrual de minha esposa, e geralmente não consigo descobrir isso antes de estar pronto para o ato sexual. Peço apenas que ela me lembre de maneira bem sutil.

( ) Eu gostaria que fizéssemos sexo com maior frequência e que ela desejasse fazê-lo tanto quanto eu.

( ) Eu gostaria que ela se orgulhasse mais de sua aparência. Nada de usar roupas de ginástica na cama.

( ) Eu gostaria que minha esposa parasse de agir como se tivéssemos de agendar cada ato sexual, e que ela pudesse ser mais espontânea.

( ) Eu gostaria que minha esposa falasse mais durante o ato sexual. O som é importante para mim.

( ) Eu gostaria que ela fosse mais paciente e me liberasse de meu dever quando seu impulso sexual é mais forte que o meu.

( ) Eu gostaria que ela considerasse mais a ideia de namorar à noite, de modo que pudéssemos apenas curtir a presença um do outro.

( ) Eu gostaria que houvesse algum tipo de variação em nosso relacionamento sexual, e que fizéssemos sexo com maior frequência.

( ) Eu gostaria que ela tivesse um semáforo sobre a cabeça que pudesse indicar quando está "pronta" para o sexo. Não gosto de tomar a iniciativa e ser rejeitado.

( ) Eu gostaria que minha esposa pudesse excitar-se sem que fosse necessário tanto romance anterior.

( ) Eu gostaria que nossos horários de trabalho fossem mais sincronizados. Como trabalhamos em turnos diferentes, temos pouco tempo para ficar juntos, por isso fazemos pouco sexo.
( ) Eu gostaria que fizéssemos sexo mais que uma vez por ano. Gostaria que ela pensasse mais em mim do que em seus pais. Talvez, quando eles morrerem, consigamos fazer sexo.
( ) Eu gostaria que minha esposa visse o sexo como uma experiência mútua. Parece que ela o encara mais como uma maneira de satisfazer minhas necessidades físicas do que uma experiência excitante para ambos.
( ) Eu gostaria de não precisar usar camisinha toda vez que fazemos sexo. Gostaria que ela tomasse pílulas anticoncepcionais.
( ) Eu gostaria que ela se permitisse esquecer as experiências do passado e aproveitasse nosso relacionamento sexual.
( ) Eu gostaria que ela não fosse para a cama cedo com tanta frequência. Gostaria que tivéssemos tempo para conversar e trocar carícias.
( ) Eu gostaria que pudéssemos fazer amor pela manhã, quando ambos estamos bem descansados.
( ) Eu gostaria que minha esposa consultasse um médico para sanar um problema que torna o sexo muito doloroso. Sinto-me frustrado e não sei por que ela não procura ajuda.
( ) Eu gostaria que a palavra "não" desaparecesse do vocabulário de minha esposa.
( ) Eu gostaria que ela fosse mais rígida com nossos filhos quando eles invadem nossa cama. Fico pensando se ela usa a presença deles para evitar que façamos sexo.
( ) Eu gostaria que a minha esposa não falasse sobre problemas quando estamos tentando fazer sexo. Podemos discuti-los em outra ocasião.

( ) Conforme os anos foram passando, a gaveta de roupas íntimas de minha esposa foi ficando cada vez mais abarrotada, mas ela a abre com frequência cada vez menor. Ela é uma bela mulher, e eu adoraria vê-la abrindo essa gaveta mais vezes.

( ) Eu gostaria que ela não tivesse tantos compromissos todas as noites para nos manter tão ocupados e, consequentemente, afastados.

( ) Eu gostaria que ela ficasse acordada quando estamos fazendo amor. O prazer dela é tão importante quanto o meu, e não vejo a menor graça em fazer sexo com um corpo sem vida.

( ) Eu gostaria que pudéssemos dedicar mais tempo ao nosso relacionamento físico. Gostaria que ela entendesse a importância disso. Sinto falta de maior intimidade.

( ) Eu gostaria que ela fosse mais aberta a experimentar novas ideias. Gostaria que ela me dissesse o que deseja e que se interessasse por meus desejos também. Não quero obrigá-la a nada.

( ) Eu gostaria que ela parasse de falar tanto durante o sexo. Gostaria que ela apenas relaxasse e aproveitasse.

( ) Eu gostaria que ela não esperasse tanto de mim no que se refere a ideias românticas. Estou disposto a tentar, mas parece que nunca consigo satisfazê-la nessa área.

( ) Eu gostaria que minha esposa parasse de me dizer que tem a impressão de que não me sinto mais atraído por ela. Ela me atrai, sim. Não sei mais o que fazer quanto a isso.

( ) Eu gostaria que minha esposa me permitisse dar a ela prazer sexual. De maneira geral, sua atitude em relação ao sexo é que se trata de uma coisa "suja". Sei que, quando criança, minha esposa sofreu abuso sexual, mas ela se recusa a procurar aconselhamento.

( ) Eu gostaria que ela se sentisse melhor em relação a seu corpo, de maneira que pudéssemos manter as luzes acesas quando fazemos amor. Gosto de olhar para o corpo dela.

( ) Eu gostaria que minha esposa me desse sugestões sobre o que torna a experiência sexual mais prazerosa para ela.

O que as esposas desejam

O QUE VOCÊ GOSTARIA QUE SEU MARIDO fizesse (ou deixasse de fazer) para tornar o relacionamento sexual ainda melhor para você? Marque as alternativas que você gostaria de compartilhar com ele.

( ) Eu gostaria que ele me ajudasse um pouco mais a descobrir o que me agrada.
( ) Eu gostaria que meu marido tomasse mais cuidado com o corpo de maneira que eu pudesse sentir-me mais atraída por ele, fisicamente.
( ) Eu gostaria que ele parasse de tomar a iniciativa o tempo todo para que eu tivesse oportunidade de fazê-lo de vez em quando.
( ) Eu gostaria que ele não se apressasse tanto em partir para o ato sexual em si. Sinto falta de mais carícias preliminares.
( ) Eu gostaria que ele tornasse o sexo algo mais espontâneo, em vez de pedir o tempo todo para fazer. Gostaria que ele me abraçasse mais.
( ) Eu gostaria que meu marido parasse de esperar a minha iniciativa para fazermos sexo.
( ) Eu gostaria que meu marido passasse mais tempo conversando e trocando carícias, em vez de simplesmente pular em cima de mim.

( ) Eu gostaria que meu marido percebesse como as coisas que ele faz durante o dia afetam o sexo à noite.

( ) Eu gostaria de ter uma ideia um pouco mais precisa de quando a experiência sexual vai terminar. Ele geralmente para muito cedo.

( ) Eu gostaria que ele dedicasse mais tempo para me ouvir sem que eu tenha de competir com o computador, o rádio ou a televisão.

( ) Eu gostaria que ele me ouvisse mais, em vez de criticar minhas ideias e meus sentimentos.

( ) Eu gostaria que pudéssemos ter mais tempo para nos reunirmos como família. Quando me sinto mais ligada à família, o sexo é melhor.

( ) Eu gostaria que ele fosse para a cama mais cedo. Gostaria que ele desligasse a TV e ficasse namorando comigo, que tornasse a intimidade uma prioridade.

( ) Eu gostaria que ele não fosse para a cama meia hora depois de eu deitar para dormir e ficasse tentando excitar-me.

( ) Eu gostaria que ele me tocasse de vez em quando sem interesse direto no sexo. Se nos abraçássemos e nos beijássemos um pouco mais, acho que eu me interessaria mais pelo ato sexual.

( ) Eu gostaria que ele me dissesse que tem orgulho de mim como sua esposa.

( ) Como temos um recém-nascido em casa, fico cansada a maior parte do tempo. Eu gostaria que ele não mantivesse uma expectativa tão grande em relação ao sexo nesse período.

( ) Eu gostaria que meu marido voltasse a me cortejar com flores, bilhetes, cartões ou pequenos presentes — coisas que demonstrassem como ele ainda me ama.

( ) Eu gostaria que ele sentasse no sofá ao meu lado, de mãos dadas, e me beijasse, em vez de cochilar na poltrona.

( ) Eu gostaria que ele demonstrasse mais o amor que sente por mim antes e depois do sexo. Seria uma maneira de mostrar que não se trata apenas de uma coisa física, mas que também possui significado emocional e espiritual.

( ) Eu gostaria que saíssemos com maior frequência à noite sem nos preocuparmos com o que vamos gastar — apenas para experimentar coisas novas juntos.

( ) Eu gostaria que meu marido parasse de tratar o sexo como se não significasse nada além de uma obrigação, que deixasse de exigi-lo o tempo todo e de me fazer sentir culpada quando não estou com vontade.

( ) Eu gostaria que ele me permitisse deitar na cama para tocá-lo, acariciá-lo, aconchegar-me a seu corpo e dar um beijo de boa noite sem que isso necessariamente culmine em sexo.

( ) Eu gostaria que ele entendesse que a maneira como ele age quando volta para casa depois do trabalho (mal-humorado, impaciente, irritadiço) determina o clima à noite. Afinal, não disponho de um botão que ele possa apertar para esquecer tudo aquilo instantaneamente e, de uma hora para outra, estar pronta para fazer sexo.

( ) Eu gostaria que meu marido se conformasse com a ideia de que não curto tanto o sexo quanto ele. Na verdade, eu adoro receber boas sessões de massagem, sem sexo.

( ) Eu gostaria que meu marido passasse mais tempo me elogiando e dizendo quanto sou especial para ele antes de partirmos para a intimidade sexual. Gostaria que ele fizesse coisas como me envolver em seus braços, dizer alguma coisa gentil a meu respeito, tratar-me de modo a me fazer sentir amada. Como

sofri abuso sexual na infância, às vezes sinto falta dessas coisas, e passo a crer que ele está apenas usando o meu corpo.
( ) Eu gostaria que meu marido se lembrasse de que, por eu já ter passado da menopausa, o ato sexual pode ser doloroso para mim. Quero agradá-lo porque o amo muito, mas é difícil.
( ) Eu gostaria que ele fizesse os preparativos para uma noite ou um fim de semana especial no qual ficássemos sozinhos e, assim, nos concentrássemos em nossa intimidade sexual.
( ) Eu gostaria que meu marido entendesse que minha falta de interesse em sexo não tem nada a ver com ele. Tem tudo a ver com minha falta de tempo e de energia, assim como o meu nível de estresse.
( ) Eu gostaria que ele parasse de me tocar em partes íntimas quando estou tentando cozinhar ou realizar uma tarefa.
( ) Eu gostaria que ele continuasse a me estimular ao longo de todo o ato sexual, em vez de só fazer isso no início.
( ) Eu gostaria que fizéssemos sexo com maior frequência e que ele não se sentisse tão cansado o tempo todo.
( ) Eu gostaria que ele não insistisse tanto em fazer sexo quando não me sinto muito bem. Estou grávida; sinto enjoos pela manhã. O que menos quero é ser toda sacudida.
( ) Eu gostaria que meu marido não se excitasse nem se insinuasse tanto quando estou nua.
( ) Eu gostaria que ele me ajudasse a desenvolver nosso relacionamento espiritual.
( ) Eu gostaria que meu marido procurasse ajuda para resolver seu problema de impotência. É um problema que enfrentamos há anos.
( ) Eu gostaria que ele planejasse algumas noites de intimidade para que pudéssemos divertir-nos também pela manhã. De vez

em quando, o sexo espontâneo é excitante, mas a expectativa também é muito boa.

( ) Eu gostaria que ele parasse de jogar paciência no computador, em vez de ir para a cama comigo.

( ) Eu gostaria que meu marido se sentisse mais à vontade para dizer o que estou fazendo (certo ou errado) a fim de tornar a experiência sexual mais agradável para ele.

( ) Eu gostaria que meu marido elogiasse minha aparência mais frequentemente, mas com sinceridade.

( ) Eu gostaria que ele conversasse sobre o amor que sente por mim como pessoa, em vez de falar apenas sobre seu interesse em fazer sexo comigo. Quero sentir-me uma mulher desejável, e não apenas um objeto para satisfazer as necessidades físicas de meu marido.

( ) Eu gostaria que meu marido acreditasse em mim quando digo: "Estou muito cansada". Isso significa que estou muito cansada mesmo.

Leituras recomendadas

Celebração do sexo, de Douglas E. Rosenau. São Paulo: Hagnos, 2006.
O dr. Douglas Rosenau é psicólogo e terapeuta cristão especializado em sexualidade. Nos últimos anos, usou seu treinamento em Teologia e Aconselhamento para ajudar casais cristãos a enriquecerem a maravilhosa dádiva divina do sexo dentro do casamento. *Celebração do sexo* responde a perguntas específicas raramente formuladas sobre o tema. Também apresenta técnicas detalhadas e habilidades que podem aprofundar o prazer sexual e a intimidade dos casais.

O sexo é um presente de Deus, **de Clifford e Joyce Penner. Belo Horizonte: Atos, 1999.**
Os terapeutas internacionalmente conhecidos Clifford e Joyce Penner, especialistas em sexualidade, se valem de sua vasta experiência clínica para ajudar casais a explorarem os profundos, poderosos e misteriosos aspectos de seu relacionamento sexual. Encorajador e muito prático, este livro é um recurso valioso para qualquer casal interessado em potencializar seu relacionamento sexual, sejam eles recém-casados ou unidos há anos.

Sexo e intimidade, de Ed e Gaye Wheat. São Paulo: Mundo Cristão, 2010, 2ª ed. no prelo.
Trata-se de um manual clássico sobre o sexo no casamento cristão. Uma hábil combinação do ensinamento bíblico sobre amor e casamento com as informações médicas sobre sexo e sexualidade. O material é apresentado em linguagem saudável e pode ser uma ajuda inestimável a qualquer casal.

Sheet Music: Uncovering the Secrets of Sexual Intimacy in Marriage [Entre os lençóis: descobrindo os segredos da intimidade sexual no casamento], de Kevin Leman. Wheaton: Tyndale House, 2003.
Preparem-se para fazer uma bela canção a dois! Esse guia prático do dr. Kevin Leman ajudará qualquer casal a se manter "sintonizado" em uma vida sexual ativa e orientada por Deus. Ele fala a um amplo leque de pessoas (com experiências positivas, negativas ou sem experiência). Suas descrições francas, as ilustrações e o tom amigável e humano ajudarão os casais a encontrarem muito mais harmonia por meio da intimidade.

Notas

Introdução
1 Linda J. Waite e Maggie Gallagher, *The Case for Marriage* [Em defesa do casamento], New York: Doubleday, 2000, p. 79.

Capítulo 1
1 Gênesis 2:18-25.
2 Gênesis 1:28.
3 Linda J. Waite e Maggie Gallagher, idem, p. 124-140.
4 Cântico dos Cânticos 4:9-11,15-16.
5 Cântico dos Cânticos 5:10-16.

Capítulo 2
1 Deuteronômio 24:5
2 Kevin Leman, Sheet Muric: Uncovering the Secrets of Sexual Intimacy in Marriage Wheaton: Tyndale House, 2003, p. 103.
3 Ibid.

Capítulo 3
1 Conforme Efésios 5:25.
2 1João 4:19.
3 Cântico dos Cânticos 4:1-7.
4 Cântico dos Cânticos 4:16.
5 Cântico dos Cânticos 5:1.

Capítulo 5
1 Gary Chapman, *As cinco linguagens do amor*. São Paulo: Mundo Cristão, 2006.
2 1Coríntios 8:1.

Capítulo 6
1 Provérbios 18:21.

Capítulo 7
1 1João 1:9.
2 Veja Efésios 4:32.
3 Romanos 5:8.
4 Romanos 5:5.

Compartilhe suas impressões de leitura escrevendo para:
opiniao-do-leitor@mundocristao.com.br
Acesse nosso blog: www.mundocristao.com.br/blog

Diagramação: Assisnet Design Gráfico
Revisão: Andrea Filatro
Fonte: Minion
Gráfica: Forma Certa
Papel: Off White 80 g/m² (miolo)
Cartão 250g/m² (capa)